beck'sche reihe

Frindte-Baue

bsr

Die «albanische Frage»; die Zukunft des Kosovo, beschäftigt die europäische Politik. Warum kommt es immer wieder zu gewaltsamen Auseinandersetzungen? Welche Rolle spielt dabei der albanische Staat, der 1912 nach Ende des Osmanischen Reiches entstanden ist, aber nur gut die Hälfte aller Albaner umfaßt? Und welche Bedeutung hat die Tatsache, dass die Albaner das größte mehrheitlich muslimische Volk Europas sind? Erstmals schildert das vorliegende Buch die Geschichte aller Albaner in Südosteuropa, in Albanien, aber auch in Kosovo, Makedonien, Montenegro und Griechenland. Viele Jahre war Albanien unter dem Diktator Enver Hoxha von aller Welt isoliert. Seit 2008 gibt es mit Albanien und Kosovo zwei albanische Staaten, die beide mit schweren politischen und wirtschaftlichen Problemen kämpfen. Die Albaner stellen sich heute zunehmend die Frage, wohin sie gehören: zum islamischen Orient oder zum europäischen Okzident?

Oliver Jens Schmitt ist Professor für Geschichte Südosteuropas an der Universität Wien.

Oliver Jens Schmitt

Die Albaner

Eine Geschichte zwischen
Orient und Okzident

Verlag C.H.Beck

Mit 1 Karte von Peter Palm

Originalausgabe

Umschlagabbildung: Skanderbeg-Platz in Tirana

Umschlagentwurf: malsyteufel, Willich
Satz, Druck u. Bindung: Druckerei C.H.Beck, Nördlingen
Printed in Germany
ISBN 978 3 406 63031 6

www.beck.de

Inhalt

Vorbemerkung

Die «albanische Frage» beschäftigt Medien und Politik seit Jahren. Albaner sind als Zuwanderer in vielen europäischen Ländern eine soziale Realität. Dennoch ist über albanische Geschichte wenig bekannt, und dies einer sehr langen Forschungstradition gerade im deutschsprachigen Raum zum Trotz. Was strebt die vorliegende «Geschichte der Albaner» an – und was leistet sie nicht? Der Leser soll kein umfassendes Handbuchwissen erhalten, auch keine ausführliche Analyse der jüngsten Zeitgeschichte, denn diese ist in zahlreichen neueren Untersuchungen leicht zugänglich. Ziel des Buches ist es vielmehr, wesentliche Entwicklungen in Herrschaft, Gesellschaft und Kultur nachzuzeichnen; albanische Geschichte in einem balkanischen, europäischen und auch nahöstlichen Rahmen zu verorten; nicht zuletzt auch durch einige Fallbeispiele die Vielfalt und den Reichtum albanischer Geschichte erlesbar zu machen. Deutung steht so neben bewusst stärker erzählenden Passagen. Die Knappheit des Raums führt den Text bisweilen in die Nähe eines historischen Essays. Der Verfasser hofft, dass eine klare Linienführung in der Deutung die notgedrungene Konzentration auf das Wesentlichste ausgleicht. Die im Titel verwendeten Begriffe «Orient» und «Okzident» sind nicht essenzialistisch zu verstehen – sie deuten ein Spannungsfeld an, in dem sich die albanische Geschichte bis heute bewegt.

Viele Teile der albanischen Geschichte sind in ihrer Interpretation umstritten. Daher werden in einigen Kapiteln Methoden und Argumente der Forschung vorgestellt und weniger vermeintlich sicheres Wissen.

Die verlegerische Konzeption sieht keinen Anmerkungsapparat und nur eine Kurzbibliographie vor. Daher seien an dieser Stelle die Namen von Gelehrten genannt, auf deren Werken die Darstellung wesentlich aufbaut: Peter Bartl, Nuri Bexheti, Kasem Biçoku, Martin Camaj, Zekerija Cana, Egin Ceka, Neritan Ceka, Nathalie Clayer, Konrad Clewing, Krisztián Csaplár-Degovics, Bardhyl Demiraj, Engelbert Deusch, Alain Ducellier, Ferid Duka, Dritan Egro, Robert Elsie, Cecilie Endresen, Winfried Fiedler, Bernd J. Fischer, Iljaz Fishta, Eva Anne Frantz, Konstantinos Giakoumis, Armin Hetzer, Enver Hoxhaj, Ylber Hysa, Hivzi Islami, Rexhep Ismajli, Titos Jochalas, Lumnije Jusufi, Thede Kahl, Hasan Kaleshi, Karl Kaser, Machiel Kiel, Ardian Klosi, Markus Koller, Hans-Jürgen Kornrumpf, Georgia Kretsi, Maximilian Lambertz, Fatos Lubonja, Noel Malcolm, Joachim Matzinger, Beqir Meta, Etleva Nallbani, Hubert Neuwirth, Markus W. E. Peters, Robert Pichler, Arshi Pipa, Alexandre Popovic, Selami Pulaha, Artan Puto, Gilles de Rapper, Skënder Rizaj, Michel Roux, Michael Schmidt-Neke, Gottfried Schramm, Stefanie Schwandner-Sievers, Spiro Shkurti, Georg Stadtmüller, Isabel Ströhle, Milan von Šufflay, Enis Sulstarova, Muhamet Tërnava, Bernhard Tönnes, Michael Ursinus, Ardian Vehbiu, Xhelal Ylli.

Nathalie Clayer, Konrad Clewing, Krisztián Csaplár-Degovics, Eva Anne Frantz, Idrit Idrizi, Lumnije Jusufi, Ardian Klosi, Markus Koller, Stefanie Schwandner-Sievers, Hansfrieder Vogel und Ioannis Zelepos gaben viele wichtige Hinweise. Michaela Strauss hat das Manuskript sorgfältig bearbeitet.

Alle Deutungen sowie Fehler liegen in der Verantwortung des Verfassers.

Verwendet werden heutige offizielle Ortsnamen. Je nach Sinnzusammenhang erscheinen auch ältere Formen wie Monastir für Bitola.

Gewidmet ist das Buch jenen albanischen Lesern, die eigenständig ihre reiche Geschichte in einem südost- und gesamteuropäischen Zusammenhang erkunden möchten.

Wien, im Oktober 2011 — Oliver Jens Schmitt

Grundlagen der albanischen Geschichte

Zwei Wege bieten sich im Wesentlichen an, eine Geschichte der Albaner zu schreiben: zum einen die Geschichte einer Ethnie, die seit dem Altertum besteht, sich von dem antiken Volk der Illyrer herleitet und nach vergeblichen Versuchen der Herrschaftsbildung und nach jahrhundertelanger Fremdherrschaft im Jahre 1912 staatliche Eigenständigkeit erlangte, wobei mit Kosovo ein Jahrhundert danach (2008) ein zweiter albanischer Staat entstand. Zum anderen: eine albanische Geschichte als Balkangeschichte, in der sich wie in einem Brennglas die sprachliche, kulturelle und gesellschaftliche Vielfalt und Zerklüftung einer europäischen Großregion beschreiben lassen.

Die erste Variante herrscht in den albanischen Gesellschaften auf dem Balkan, in Albanien, Kosovo und in Makedonien, vor. Dies ist nichts Außergewöhnliches, denn die südosteuropäischen Nachbarstaaten betrachten ihre Vergangenheit in derselben Weise. Das albanische Geschichtsbild und die albanische nationale Identität sind stark in Abgrenzung von den Nachbarvölkern, v. a. von Griechen, Serben und Montenegrinern, entstanden und haben deren Denkmuster meist spiegelbildlich übernommen. Sowenig die Albaner auf dem Balkan eine Ausnahme bilden, so wenig fallen balkanische nationale Geschichtsdeutungen aus einem gesamteuropäischen Vergleichsrahmen. Was seit dem 19. Jh. an Vorstellungen von Nation und Abstammung im westlichen und mittleren Europa entworfen worden ist, lebt heute auf dem Balkan nur bisweilen stärker fort als anderswo auf unserem Kontinent. Das zweite Konzept, albanische Geschichte als Balkangeschichte, folgt der außerhalb des Balkans in der Wissenschaft vorherrschenden Auffassung, dass die Geschichte einer Region mit jungen modernen Staatsgründungen – Serbien wurde 1815 autonom, Griechenland als erster Staat erst 1830 souverän – und einer auch durch Massenvertreibungen und -aussiedlungen bis heute nicht ganz zerstörten kleinräumigen ethnischen und religiösen Vielfalt nicht als Aneinanderreihung von Staats- und Volksgeschichten geschrieben werden könne. Verstärkt wird diese Auffassung durch die vielfältigen Formen kultureller, religiöser und gesellschaftlicher Symbiose und Verflechtung, durch bis heute von den staatlichen Nationalismen nicht verwischte Gemeinsamkeiten, von sprachlichen Strukturen und Wortschatz bis hin zu Küche und Musikgeschmack; ja selbst die Denkmuster des Nationalismus gleichen sich in der Region in auffallender Weise.

Der kroatische Historiker Milan von Šufflay entwickelte im ersten Drittel des 20. Jh.s die These, die Albaner bildeten die «Monade des Balkans», da sich in ihrer Geschichte die gesamte balkanische Geschichte seit dem Altertum mit ihren altbalkanischen, griechischen, romanischen, slawischen und osmanisch-türkischen Elementen gleichsam im Kleinen bündele. Katholisches und orthodoxes Christentum, der sunnitische Islam und eine Fülle von Derwischorden kamen hier zusammen, in einer Grenzregion zwischen der byzantinisch-osmanischen Balkanwelt und dem romanischen – lange venezianischen – Adriaraum. Als zweite These entwarf Šufflay die «serbisch-albanische Symbiose» – für Nationalisten beider Seiten heute unvorstellbar, dennoch von den Quellen besonders für das Mittelalter gut belegt.

Albanische Geschichte als Balkangeschichte zeichnet gesellschaftliche und kulturelle Überschneidungen nach, zwischen Albanern und Griechen, Südslawen, Balkanromanen, Türken, aber auch Italienern, Roma und den sehr kleinen jüdischen Gemeinden. Damit wird albanische Geschichte aber nicht gleichsam in einer Erzählung von Multiethnizität aufgelöst. Denn ein solches Denkmuster, abgesehen davon, dass es inhaltlich nicht zutrifft, weist auf dem Balkan auch eine politische Dimension auf: Seit dem 19. Jh. sprechen Nationalisten vornehmlich in Griechenland und Serbien den Albanern eine eigene Geschichte ab und betrachten sie entweder als kulturloses Barbarenvolk, das erobert und zivilisiert werden müsse, oder aber als Teil der eigenen Nation, da alle orthodoxen Albaner «eigentlich» wegen ihres Glaubens Griechen seien, die muslimischen Albaner im Kosovo «eigentlich» Serben, die islamisiert und albanisiert worden seien. Aus Furcht vor derartigen Ansprüchen bestreiten albanische Historiker mehrfache Identitäten und jede kulturelle Uneindeutigkeit. Der außenstehende Betrachter darf weder nationalistischen Denkmustern folgen noch Rücksicht auf nationale Empfindlichkeiten nehmen, ein Versuch, der leichter zu formulieren als in der Forschung umzusetzen ist angesichts der auch heute noch äußerst starken Emotionalität im Umgang mit Balkangeschichte.

Was ein Albaner ist, wurde und wird wie bei anderen ethnischen Gemeinschaften immer wieder aufs Neue verhandelt. Der Einfachheit halber wird in dieser Darstellung die Bezeichnung «Albaner» verwendet, auch wenn diese ihren Sinngehalt über die Jahrhunderte stark veränderte: vom Sprecher der albanischen Sprache, die durch ihre Eigenart schon mittelalterlichen Beobachtern auffiel und von Albanern selbst als Zeichen der Unterscheidung, bisweilen gewiss auch der Abgrenzung gegenüber ihren wichtigsten Nachbarn, Griechen und Südslawen, verwendet wurde – bis hin zum Repräsentanten der gegenwärtigen albanischen Gesellschaften mit ihrer ausgeprägten ethnonationalen Identität; eine Entwicklung, die nicht geradlinig oder gar bruchlos verlief.

Albanische Geschichte bildet in einem balkan-, aber auch europageschichtlichen Vergleich keinen Ausnahmefall – griechische, bulgarische, serbische Geschichte sind ebenfalls als Balkangeschichte zu schreiben, auch wenn die Albaner im Vergleich zu diesen Völkern vor 1912 keine längere Herrschaftsbildung und keine eigene Kirchenorganisation besessen haben. Albanische Geschichte, dies ist eine Grundthese dieses Buches, ist «normaler», d. h. weniger exzeptionell, als Albaner sie wahrnehmen, aber auch weniger «exotisch», als Nachbarn und Außenstehende oft meinen. Die Einbettung in breitere Zusammenhänge wird zeigen, dass die Suche nach nationalen Spezifika rasch ins Leere geht, sobald der Blick etwas weiter schweift.

*

Das Nachdenken über albanische Geschichte ist alt. Schon lange bevor (ab 1945) albanische Forschungseinrichtungen geschaffen wurden, haben abendländische Gelehrte Theorien zu Herkunft und Sprache dieses Balkanvolkes aufgestellt – der Erste war niemand Geringerer als Gottfried Wilhelm Leibniz. Zugespitzt, aber kaum übertrieben, darf man behaupten, dass albanische Geschichte bis weit in das 19. Jh. eine Domäne deutschsprachiger Gelehrter war. Kaum einem von ihnen gelang es aber, die Grundfragen der albanischen Geschichte so klar zu erfassen wie dem großen Historiker und Publizist Jakob Philipp Fallmerayer (1790–1861), der vor 150 Jahren folgende Beobachtungen anstellte: Es gebe im südwestlichen Balkan ein Volk, dessen Sprache mit keinem der Nachbarn Ähnlichkeit aufweise. Dieses Volk nenne sich selbst «Schkjipetar» (alb. Shqiptar), sein Land «Schkjiperia» (alb. Shqipëria); es werde aber von Außenstehenden «Albaner», «Arbaniten» oder «Albanesen» genannt, sein Siedlungsraum «Albania», «Arbania» oder «Arbënia». Es lebe in den antiken Landschaften Illyria und Epirus, zwischen dem Shkodrasee im Norden und dem Ambrakischen Golf im Süden. In der Antike erscheine sein Name ein einziges Mal in der Bezeichnung einer Stadt (Albanópolis) und eines Gebirges (griech. Albanón óros, Albanergebirge). Quellenmäßig bezeugt seien die Albaner erst seit dem 11. Jh.; als praktisch handelnde Gruppe träten sie im 14. Jh. in Erscheinung, als sie nach Griechenland einwanderten. Sie zerfielen in zwei Dialektgruppen, die Gegen im Norden des Flusses Shkumbin und die Tosken südlich davon. Sie hätten niemals eine politische Einheit gebildet. Albaner siedelten in ihrem engeren Siedlungsgebiet vermischt mit anderen Völkern, aber auch verstreut in anderen Teilen des Balkans. Als Eroberer und Siedler seien sie im späten Mittelalter nach Griechenland und Unteritalien gelangt. Sie seien kein «Kulturvolk», hätten «*auf geistigem Gebiet während einer Jahrtausende füllenden Existenz auch nicht das geringste geleistet und den lebendigen Beweis geliefert, dass ein Volk, wenn es sich nur den allgemeinen Bedingungen menschlicher Gesittung unterwirft, dabei mannhaft und streitbar ist, auch ohne Wissenschaft, ohne Kunst und sogar ohne ABC leben und seine Urkraft selbst inmitten hoch gebildeter Nationen ungeschmälert bewahren kann»*.

Fallmerayer fasst seine Grundüberlegungen zur albanischen Geschichte in Sätzen zusammen, die heute in ihrer apodiktischen Form wohl befremden mögen: «*Die Albanesen huldigen überall dem Stillstand, dem Maass der Selbstbeschränkung und dem stöckigsten Conservatismus, wie ihn nur der wie bewegungslose, in sich selbst erstarrte Orient versteht. Die Albanesen, wo immer sie ihr Naturell frei entfalten können, sind überall selbstsüchtige, meuterische, unzuverlässige und selbst als Christen grausame, dagegen aber rührige, unerschrockene, sparsame und hartknochige Handarbeiter, Schiffer, Bauern und Soldaten, denen man nicht mit allgemeinen Ideen, mit Gefühlspolitik, mit zünftiger Weisheit und mit philosophischen Weltbeglückungstheorien kommen darf. Das Verlangen, irgendeine verlässige Kunde über die eigene nationale Vergangenheit zu erfahren, ward in Albanien bis auf den heutigen Tag noch von niemand empfunden. Weder in der Politik noch in der Wissenschaft hatte dieses Volk je einen gemeinsamen Gedanken, und es scheint auch nicht, dass den Albanern über den beschränkten Horizont der Familie und des Clans, des Privaterwerbs, des Eigennutzes, der Gehässigkeit und der Rache hinaus zu dringen je das Bedürfnis angewandelt hat. Albanien ist die Heimat der kurzen Gedanken, das Vorratshaus physischer Kraft, das Land, welches freiwillig weder sich selbst noch anderen gehorchen will; Albanien ist das Element, welches stets verneint und bei welchem Anarchie und Gesetzlosigkeit gleichsam die Seele und der Lebensodem ist.*»

Fallmerayers Thesen erscheinen auf den ersten Blick als klassisches Beispiel von «Orientalismus», der Exotisierung eines Volkes; er stellt dessen Eigenschaften als essenziell hin, als absolut. Wären sie in Albanien besser bekannt, hätten sie ihm wohl jene lang andauernde Ablehnung eingetragen, die in Griechenland seine Lehrmeinung von der slawisch-albanischen Abstammung der Neugriechen ausgelöst hatte. Fallmerayer schrieb um 1860, als die osmanischen Reformen (Tanzimat), denen er große Sympathie entgegenbrachte, auch am Widerstand konservativer albanischer Muslime zu scheitern drohten. Er benannte Grundfragen der albanischen Geschichte, die die Forschung auch heute noch beschäftigen. Eines schien ihm jedoch eine Selbstverständlichkeit: dass die Albaner auf dem Balkan als Ganzes zu betrachten seien. Der Balkankrieg von 1912 hat zwar einen unabhängigen albanischen Staat hervorgebracht, doch wurden rund die Hälfte der Albaner und ihre Siedlungsgebiete v. a. Serbien, aber auch Griechenland und Montenegro zugeschlagen. Im 20. Jh. nahmen die Albaner inner- und außerhalb des Nationalstaates unterschiedliche Wege. Die Geschichtsschreibung folgte aus unterschiedlichen Gründen den jungen Staatsgrenzen und zerriss damit alte Zusammenhänge. Nicht eine Geschichte Albaniens oder des Kosovo soll im Folgenden versucht werden, sondern eine Geschichte aller Albaner in ihren balkanischen und gesamteuropäischen Zusammenhängen.

Wann beginnt die Geschichte der Albaner?

In albanischer Perspektive ist die Antwort auf diese Frage klar: Die Albaner sind das älteste Volk Europas, mit ihnen hebt gleichsam europäische Geschichte an. In dieser Sicht ist albanische Geschichte Volksgeschichte, und diese ist eng an die albanische Sprache gebunden. Vor dem Spätmittelalter hat sich kein Albaner in überlieferter Form zu seiner eigenen Gruppe geäußert; vor dem 16. Jh. sind keine längeren albanischen Texte erhalten – das erste albanische Buch, die Übersetzung eines katholischen Messbuchs durch Gjon Buzuku (1555), ist nur in einem einzigen Exemplar überliefert. Vor 1912 hat es keinen albanischen Staat und keine einheitliche politische Geschichte der Albaner gegeben. Da sie diese Tatsachen im Vergleich mit den Nachbarn auf dem Balkan als Defizite empfanden, entwickelten albanische Nationalisten die Vorstellung einer illyrisch-albanischen Kontinuität von Volk und Sprache, die heute als unhinterfragte, aber auch unhinterfragbare Wahrheit gilt. Im europageschichtlichen Vergleich fallen Parallelen zu einem anderen nichtromanisierten alteuropäischen Volk auf, den Basken, deren Geschichte bis in die Frühe Neuzeit nur aufgrund von Zeugnissen Außenstehender zu schreiben ist, deren Sprache erstmals 1545 für ein Buch verwendet wurde, deren Herkunft ungeklärt und ideologisch umstritten ist und deren Nationalismus in Abgrenzung zu Nachbarn, die kulturell und politisch als überlegen empfunden werden, auf dem Alter der Sprache und der Ansiedlung beruht.

Die außeralbanische Forschung versucht, in der Kontinuitätsfrage einen differenzierten Zugang einzunehmen. Die antike Geschichte der Albaner ist mehr ein Forschungsproblem als ein Gegenstand gesicherten Wissens. Zwar ist es möglich, die antike Geschichte des heutigen Siedlungsgebiets der Albaner darzustellen, also die Geschichte der Illyrer und ihres Zusammenlebens mit neu gegründeten griechischen Städten an der Küste (seit dem 7. Jh. v. Chr.) und römischen Eroberern (seit dem 3. Jh. v. Chr.), doch muss dies unter dem Vorbehalt geschehen, dass die Kontinuitätsthese nicht gesichert ist. Unüblich ist dieses Vorgehen nicht: Man denke an die Einbeziehung antiker Völker wie der Kelten oder sogar jungsteinzeitlicher Bevölkerung in immer noch gängige Darstellungen im westlichen Europa. Im albanischen Falle stellt jede zeitliche Gliederung der Darstellung eine Stellungnahme in der politisch hochumstrittenen Kontinuitätsdebatte dar. Beginnt sie mit dem Altertum, wird zumindest unausgesprochen jene illyrisch–albanische Kontinuität angenommen. Setzt sie erst mit dem Auftreten der Albaner in den schriftlichen Quellen (11. Jh.) ein, erscheinen die Albaner im Vergleich zu Griechen, Balkanromanen und Südslawen als «junges» Volk auf dem Balkan.

Der Forschungsstand zur Kontinuitätsfrage wird noch ausführlich geschildert. Die vorliegende Darstellung geht von der Überlegung aus, dass die heutigen Albaner von einem altbalkanischen Volk abstammen, d. h. einem Volk, das bereits vor der römischen Herrschaft auf dem Balkan ansässig war. Ob es sich dabei nun um die Illyrer, ein weiteres namentlich bekanntes oder gar ein mit Namen nicht belegtes Volk handelt, ist zumindest in unserem Zusammenhang – nicht aber für die Albaner selbst und ihre südosteuropäischen Nachbarn! – von zweitrangiger Bedeutung. Da linguistische Forschungen das Albanische in die vorchristliche Antike zurückführen, nimmt albanische Geschichte nicht erst mit den Quellenbelegen byzantinischer Geschichtsschreiber des Hochmittelalters ihren Anfang. Daraus folgt zweierlei: Die römische Herrschaft auf dem Balkan bildet den geschichtlichen Rahmen für die Vorfahren der Albaner; unsere Darstellung berücksichtigt denn auch das Altertum, legt aber einen besonderen Schwerpunkt auf die Schilderung der aktuellen Forschungsdiskussion um die Kontinuitätsthese.

Die Periodisierung der albanischen Geschichte

Ist der Beginn der albanischen Geschichte also nicht gerade leicht zu bestimmen, bereitet der Endpunkt, die unmittelbare Gegenwart, keine derartigen methodischen Schwierigkeiten. Dies gilt aber nicht für die Gliederung nach Epochen. Die «Historia e popullit shqiptar», die eben abgeschlossene offiziöse «Geschichte des albanischen Volkes» der Albanischen Akademie der Wissenschaften, teilt ihre vier Bände folgendermaßen auf: Der erste Band reicht vom Altertum bis ca. 1830, bis zu den Anfängen der osmanischen Reformperiode (Tanzimat), v. a. aber den ersten Anzeichen der albanischen Nationalbewegung; Band 2 behandelt die albanische Nationalbewegung bis zur Gründung des albanischen Staates (1830–1912); Band 3 beschreibt die Geschichte des albanischen Nationalstaates bis zur Invasion durch das faschistische Italien im Jahr 1939; Band 4 schließlich geht bis zum Sturz des Kommunismus (1990/92). Kosovo wird dabei gleichsam als Anhang, weniger als integraler Teil behandelt.

Diese ungleichmäßige Verteilung des Stoffes folgt der Gliederung der Nationalgeschichte nach vier Säulen, die von den kommunistischen Parteihistorikern nach 1945 entwickelt worden sind. Sie stützen sich ihrerseits auf ältere, gegen Ende des 19. Jh.s entstandene Denkmuster: 1) die antiken Illyrer; 2) die mittelalterliche Staatsbildung unter dem Nationalhelden Skanderbeg (1405–1468); 3) die sog. Wiedergeburt (Rilindja) im 19. Jh.; 4) die Staatsbildung im Jahre 1912 und ihre Vollendung im 20. Jh., auf die die ganze albanische Geschichte in einem teleologischen Prozess zuläuft. Aus der europäischen Geschichte haben albanische Historiker die Epochen des Altertums und des Mittelalters übernommen. Die für West- und Mitteleuropa gebräuchlichen Begriffe Frühe Neuzeit und Neuzeit lassen sich für die lange Periode der osmanischen Herrschaft (ca. 1385–1912) hingegen kaum anwenden – was freilich auch weder albanische noch auswärtige Forscher tun. Die beinahe fünfeinhalb Jahrhunderte der osmanischen Herrschaft prägen die albanischen Gesellschaften bis heute, werden aber in der albanischen Geschichtsdarstellung stiefmütterlich, oft sogar negativ behandelt. Mit der osmanischen Eroberung nimmt der albanische Siedlungsraum in der Tat einen eigenen Weg – die osmanische Herrschaft ist als eigene Geschichtsepoche aufzufassen, die zwar nach Phasen unterschiedlicher Herrschaftsdichte untergliedert, doch nicht in Bezug zu abendländischen Entwicklungen der Frühen Neuzeit und der Neuzeit gebracht werden kann, wie Humanismus, Medienrevolution des Buchdrucks, Reformation, Gegenreformation, Barock, Aufklärung, Industrialisierung. Die albanischen Gesellschaften des 20. Jh.s lassen sich in vielen Bereichen als postosmanisch beschreiben, da der albanische Siedlungsraum erst vor einem Jahrhundert aus der osmanischen Herrschaft entlassen worden ist. Ohne eine genaue Beschreibung der osmanischen Periode ist ein Verständnis der heutigen albanischen Gesellschaften nicht möglich. Die vorliegende Darstellung legt daher ihren Schwerpunkt auf eine Vormoderne, die bis tief in die Zwischenkriegsgeschichte reicht. So werden Strukturen und Tiefenströmungen der albanischen Geschichte fassbar, die einem auf die jüngste Vergangenheit verkürzten Blick entgehen.

Albaner oder Skipetaren?

Die meisten Albaner nennen sich heute «shqiptar». Mit Ausnahme des Serbischen, wo der Begriff «šiptar» äußerst abfällig verwendet wird (korrekt spricht man von «albanac»), bezeichnen aber alle Nachbarvölker die Albaner mit einem Begriff, der den Stamm «alb» oder «arb» aufweist. Auch die im Spätmittelalter nach Griechenland und Unteritalien ausgewanderten Albaner bezeichnen sich nicht als «shqiptar», sondern als «Arvaniten» bzw. «Arbëresh». Wie ist diese Erscheinung zu erklären? Im Mittelalter kannten die Albaner als Volksnamen für sich selbst nur den Begriff «arbër», ihren

Siedlungsraum nannten sie «Arbëria» oder «Arbënia». Dieser Name leitet sich von dem in der Antike wenig belegten Stammesnamen der «Albanoí» ab. Ob und wie die Albaner ihn von einem anderen Ethnikum angenommen haben, ist unklar. Einzigartig wäre eine derartige Aneignung eines alten Volks- bzw. Raumnamens nicht. Deutsche Siedler haben im Hochmittelalter den Namen der von ihnen unterworfenen Prussen angenommen (Preußen).

Während man die Herkunft des Volksnamens Albaner kaum klären kann, stehen für den Wechsel von «arbër» zu «shqiptar» einige wenige Schriftquellen zur Verfügung. Die Ablegung des alten Volksnamens erfolgte sehr spät, um 1700, und stellt zumindest unter diesem Gesichtspunkt eine europäische Auffälligkeit dar. Warum nimmt eine große Gruppe einen neuen Namen an? Die albanische Gesellschaft war von der osmanischen Eroberung, die ein Jahrhundert (1385–ca. 1500) gedauert und in Teilregionen schwerste Verwüstungen und Bevölkerungsverluste mit sich gebracht hatte, in ihren Grundfesten erschüttert worden. Im 16. und besonders im 17. Jh. waren viele Albaner zum Islam übergetreten. Der Name «arbër» war eng mit der mittelalterlichen christlichen Kultur verbunden, die durch den Islam beiseitegedrängt wurde. Die islamisierten Albaner als Träger osmanischer Macht auf dem Balkan vermieden zunehmend einen Namen, der an die christliche Vergangenheit erinnerte. Der Begriff «shqiptar» (wohl von dem Verb «shqiptoj», «sich verständlich ausdrücken») breitete sich im geschlossenen Sprachgebiet auf dem Balkan allmählich – wohl im 18. Jh. – auch auf albanische Christen aus und diente zur Abgrenzung von Anderssprachigen. Er erfasste aber nicht jene albanischen Gemeinschaften außerhalb des Kernsiedlungsgebietes, d. h. in Griechenland und Süditalien. Die umwohnenden Völker haben – mit Ausnahme der eng mit den «shqiptar» verwobenen Serben – den Namenswechsel nicht nachvollzogen, sieht man von altmodischen Ausdrücken wie «Skipetar» (bekannt v. a. durch Karl Mays «Durch das Land der Skipetaren») einmal ab. Kein anderes europäisches Volk der Neuzeit hat auf einen tiefen kulturellen Schock eine derart radikale Identitätsänderung vollzogen: «Shqiptar» verlieh der völligen Umorientierung der albanischen Gesellschaft Ausdruck, die bis

1912 in ihrer übergroßen Mehrheit nach Istanbul, der Hauptstadt des Osmanischen Reiches, blickte.

Albanische Geschichte im Raum: Kontraktion oder variable Größe?

«Für sie (die Albaner) ist das ganze Land, welches von Scutari in Albanien aus die Distrikte von Ipek, Pristina, Wrania, Katchaniq, Uskup, Perlépé, Monastir, Florina, Krebena, Calarites, Jannina umfasst bis zum Golf von Préveza und das ganze Land, welches von diesen geographischen Punkten und dem Meer begrenzt wird, Shqypére; ein Land, welches der shqypetârischen Race gehört, die Nichts mit Griechenland gemein hat.»[1]

Mit diesen Worten umriss der nordalbanische Katholik und osmanische Beamte Pashko Vasa im Jahre 1879 das räumliche Programm der jungen albanischen Nationalbewegung. Es umfasste das Gebiet des heutigen Albanien, Kosovo, Südserbien, Teile Makedoniens sowie Nordwestgriechenland, symbolisch begrenzt von den Orten Shkodra im Nordwesten, Vranje im Nordosten, Prilep und Bitola im Osten und Préveza im Süden. Als «Albanien der vier Vilayets» (die osmanischen Großprovinzen Kosovo, Monastir, Ioánnina und Shkodra) bestimmt es bis in die Gegenwart das Raumdenken des albanischen Nationalismus. Doch schon 1879 entsprach dieses Bild mehr einem Wunschdenken als der Realität – zum einen weil das Gebiet von Vranje 1877 von Serbien erobert und als erste Region auf dem Balkan fast flächendeckend von mehrheitlich albanischen Muslimen «ethnisch gesäubert» worden war; zum anderen weil in diesem Raum Albaner nur in Kerngebieten, die im Wesentlichen mit dem heutigen Albanien und Teilen des Kosovo zusammenfallen, eine eindeutige Mehrheit bildeten. Ein ethnisch homogenes Albanien gab es vor 1912 ebenso wenig wie etwa ein ethnisch

1 Es handelt sich um folgende Orte: Shkodra (heutiges Nordalbanien), Peja, Prishtina (beide in Kosovo), Vranje (heutiges Südserbien), Kaçanik (Kosovo), Skopje, Prilep, Bitola (alle drei in Makedonien), Flórina, Grevená, Kalarítes (bei Ioánnina), Ioánnina, Préveza (Griechenland).

«reines» Bulgarien – ethnische Homogenität entwickelte sich aber seit dem späten 19. Jh. wie in den Nachbarstaaten zum vorrangigen politischen Modell. Und dieses Modell wurde mit der Vorstellung von der illyrisch-albanischen Kontinuität verbunden. Da die Illyrer im Altertum vom Ostalpenraum bis zur Grenze des antiken Griechenlands lebten – nicht als einheitliches Volk, sondern zersplittert in zahlreiche Stämme und Kleinkönigreiche –, die Albaner des 20. Jh.s aber nur einen Bruchteil dieses Riesenraumes besiedelten, entstand zur Erklärung dieses Unterschieds die These von der Kontraktion des albanischen Siedlungsgebietes: Seit der Antike hätten feindliche Nachbarn – Griechen, Römer und Slawen – die Albaner schrittweise zurückgedrängt. Bisweilen, so auch in Schulbüchern, werden ahistorisch versuchte Genozide angedeutet, denen die Albaner, die seit Jahrtausenden nie jemanden angegriffen hätten, zum Opfer gefallen seien. Jeder heutige albanische Gebietsanspruch kann in dieser Sichtweise als rechtmäßige Rückgewinnung von durch Unrecht verlorenem Land gelten.

Die Selbstdarstellung als Opfer der Geschichte ist auf dem Balkan und darüber hinaus gewiss kein albanisches Spezifikum, wegen der politischen Umwälzungen der letzten 20 Jahre bergen derartige Theorien aber die politische Gefahr in sich, mit Verweis auf den eigenen Opferstatus aggressive Akte zu rechtfertigen. Besonders serbische Historiker gehen von einer ganz anderen Theorie aus: Demnach sollen die Albaner in großer Zahl seit dem späten 17. Jh. aus dem Gebiet des heutigen Nordalbanien nach Kosovo (und Westmakedonien) vorgedrungen sein, nachdem 1690 ein gescheiterter Aufstand Zehntausende Serben zur Flucht auf habsburgisches Gebiet gezwungen hatte. Zahlreiche Historiker und Sprachwissenschaftler außerhalb der Region lehnen diese Theorie zwar ab, hegen aber auch Zweifel an der albanischen These einer ungebrochenen Siedlungskontinuität.

Die vorliegende Darstellung möchte die räumliche Dynamik albanischer Geschichte auf dem Balkan sichtbar machen. Sie richtet sich nicht nach festen Siedlungs- oder Raumgrenzen, die gar nicht gezogen werden können, sondern arbeitet mit variablen Räumen und weiten Überlappungszonen. So berücksichtigt sie balkanromanische Aromunen (Vlachen), Slawen und Griechen, auch kleinere Gruppen wie Türken, Juden, Roma, Bosniaken, Tscherkessen in mehrheitlich albanischer Umgebung, aber auch Albaner in überwiegend nichtalbanischem Milieu. Der Betrachtungsraum wird von einer Bergkette in zwei Hälften geteilt. Es wird daher von Gebieten «westlich der Berge» gesprochen, wenn das Territorium des heutigen Albanien und die weite albanisch-slawische Überlappungszone im heutigen Nordalbanien und Montenegro sowie die griechisch-albanisch-aromunische Mischzone im heutigen Südalbanien und Epirus gemeint sind. «Gebiete östlich der Berge» umfassen den Kosovo und das heutige westliche Makedonien, aber auch albanische Präsenz bzw. Verbindungen in das obere Moravatal (heutiges Südserbien) und das Vardarbecken (Makedonien, Nordgriechenland). Wenn daher auch heute zumeist nichtalbanische Orte im Zusammenhang der albanischen Geschichte behandelt werden, so bedeutet dies gerade nicht, dass diese in eine nationalalbanische oder gar großalbanische Erzählung eingegliedert werden. Im Gegenteil, dieses Vorgehen möchte den balkanischen Charakter der albanischen Vergangenheit und, wenn auch durch den Nationalismus in der ganzen Region abgeschwächt, der Gegenwart unterstreichen.

«Albanien» als Raumbegriff – oder wie heißt das Land, in dem Albaner siedeln?

Um die räumliche Dimension albanischer Geschichte zu verstehen, ist Fallmerayers Beobachtung zum Ausgangspunkt zu nehmen: «Albanien» ist eine historische Landschaft, in der nicht nur Albaner leben; gleichzeitig siedeln Albaner auch außerhalb des «Albanien» genannten Raumes.

Der in der Antike nur schwach belegte Name «Albanien» taucht im 11. Jh. als Bezeichnung einer ethnischen Gruppe – Albanoí oder Arvanítai – (wieder) auf, um 1100 dann auch als Landschaftsname – griechisch Arbanón, etwas später lateinisch als Albanum und serbisch als «Raban» (der Volksname lautet «Arbanas»), im Rolandslied als «Albeigne». Arbanón umfasste zunächst das Gebiet des heutigen Mittelalbanien um die strategisch bedeutende Burg

Kruja. Zwischen 1100 und 1400 dehnte sich der Raumbegriff weiter bis nach Kotor (heute Montenegro) im Norden und Naúpaktos (Griechenland) im Süden. Was waren die Gründe? Landesnamen sind auch an Herrschaft geknüpft. Durch albanische Herrschaftsbildung im südlichen Epirus (zweite Hälfte 14. Jh.) fielen Albaner als vorherrschende Gruppe in einem mehrheitlich nichtalbanischen Milieu auf. Im Norden hatte Venedig zu Beginn des 15. Jh.s ihm untertane Städte zwischen Lezha und Kotor in einen Gerichtsbezirk «Albania» zusammengeschlossen, dessen Name die albanisch-slawisch-dalmatisch-aromunische Mischbevölkerung nicht widerspiegelt. Verwaltungsbegriffe haben ein langes Leben, und «Venezianisch-Albanien» bestand auch nach dem Verlust der Stadt Shkodra (1479) bis 1797 als Bezeichnung für die südslawischen Orte zwischen Budva und Kotor weiter. Im Süden bürgerte sich «Albania», «Arvanitiá», «Arbëria» als vager Raumbegriff für das heutige Südalbanien und Epirus ein. Der antike Begriff «Epirus» war im Mittelalter verschwunden und wurde erst gegen Ende des 18. Jh.s von griechischen Geographen wiederbelebt, vorerst parallel zu «Albanien». Erst im 19. und v. a. im 20. Jh. erhielten beide Begriffe einen nationalen Beigeschmack: Epirus bringt den Anspruch auf eine mehrheitlich griechische Landschaft zum Ausdruck, das nach 1912 für das heutige Südalbanien eingeführte «Nordepirus» ein irredentistisches Programm.

Zwischen dem 15. und 17. Jh. wurde von albanischen katholischen Geistlichen auch in antiker Tradition der Raumterminus «Makedonien» verwendet, was heute außer Gebrauch gekommen ist. Die Osmanen sprachen von «Arnavutluk» oder «Arnavud-ili». Das heute bei den Albanern gängige «Shqipëria» kam erst allmählich seit dem 18. Jh. auf und fand breitere Verwendung bei nationalen Aktivisten des 19. Jh.s. Der Illyrerkult des 20. Jh.s bewog besonders im Kosovo Teile der Eliten zu dem – letztlich gescheiterten – Vorschlag, den serbischstämmigen Landesnamen durch das antik-illyrische «Dardania» zu ersetzen.

Albanische Geschichte außerhalb «Albaniens»

Der zweite Teil von Fallmerayers Beobachtung – dass Albaner nicht nur im ethnisch gemischten, doch vornehmlich albanisch besiedelten Raum «Albanien», sondern auch außerhalb desselben lebten – trifft auf die albanischen Siedlungszonen im inneren Balkan zu. Katholische albanische Geistliche bezeichneten im 17. Jh. den damals schon deutlich albanisch mitbewohnten Kosovo als «Serbien». Auch hier wirkten sich Herrschaft und Herrschaftstradition als begriffsprägend aus. Da es in vorosmanischer Zeit im zentralen Balkan keine albanische Herrschaftsbildung gegeben hatte, schöpfte die katholische Kirche ihre Raumbegriffe aus der mittelalterlichen Herrschaftsgeschichte, in diesem Falle dem untergegangenen serbischen Königtum, und orientierte sich nicht an aktuellen ethnischen Verhältnissen. Albanische Siedlungen im heutigen Kosovo, Südserbien und Westmakedonien bestanden also schon lange, bevor sich der Raumbegriff «Albanien» auf diese Gebiete ausdehnte. Diese Bemerkungen zeigen, dass es überaus schwierig ist, selbst den einigermaßen zusammenhängenden Siedlungsraum der Albaner zu umreißen, den sie immer mit anderen ethnischen Gemeinschaften teilten. Albanische Geschichte ist in hohem Maße auch die Geschichte von Wanderungsbewegungen über längere Entfernungen: nach Griechenland (14. Jh.), Süditalien (15. Jh.), in kleineren Gruppen in beinahe alle Regionen Südosteuropas, in die östlichen Provinzen des Osmanischen Reiches (Anatolien, Ägypten, Jemen), in den Schwarzmeerraum (18. Jh.), Amerika (seit dem späten 19. Jh.), Mittel- und Nordeuropa (seit den 1960er-Jahren) sowie nochmals ganz massiv nach Griechenland und Italien (seit 1991). Diese Diasporagemeinschaften haben ihre Bindungen an das Herkunftsgebiet in der Regel nicht aufgegeben, im Gegenteil, sie haben wesentliche Teile der albanischen Geschichte auf dem Balkan geprägt. Albanische Geschichte ist damit transnationale, genauer: transterritoriale Geschichte; sie ist verflochten mit der Geschichte des Balkans und des weiteren Mittelmeerraumes, erweitert im 20. Jh. um atlantische Dimensionen. So weit sie außerhalb des Balkans reicht, so schwer ist sie innerhalb des Balkans abzugrenzen.

Der natürliche Rahmen albanischer Geschichte

«Albanien ist ein streng abgeschlossenes Land; es wird von seinen Nachbarländern durch scharfe, fast lückenlose Naturgränzen geschieden; doch nur in Bezug auf diesen strengen Abschluss nach Außen lässt sich das Land als ein Ganzes betrachten; an sich zerfällt es in mehrere Parcellen, welche sich als Glieder verschiedener größerer Systeme mehr zufällig, als nothwendig an einander reihen und jedes gemeinsamen Centrums, jedes organischen Zusammenhangs ermangeln.»

Johann Georg von Hahn (1811–1869), österreichischer Konsul im epirotischen Ioánnina und auf Sýros in der Ägäis, Begründer der Albanerforschung, führt in dieser gedrängten Skizze Grundzüge albanischer Geschichte zusammen: die starke *Kammerung* des Raumes durch Gebirgszüge und der daraus entstehende kleinregionale Charakter der albanischen Gesellschaft. Bergzüge, die von Nordwesten nach Südosten *streichen* und im Westen eine Küstenzone an der Adria halbmondförmig umschließen, nach Osten sich aber zu den Flusssystemen des Vardar und der Morava öffnen, bilden das Rückgrat albanischer Geschichte im Raum. Dieser zerfällt in einen adriatischen und einen binnenbalkanischen Teil. Die Albaner sind kein reines Bergvolk, doch spielen Berge in ihrer Vergangenheit eine überragende Rolle. Der große Gebirgszug wird von zahlreichen von Westen nach Osten verlaufenden Bergketten weiter gegliedert. So entstehen unterschiedlich große Talräume wie Mat oder Dibra; horizontale und vertikale Bergketten ballen sich zum Šar- (alb. Sharr-)Massiv im heutigen Dreiländereck Albanien-Kosovo-Makedonien. Im Norden erhebt sich an der Grenze zu Montenegro das Große Bergland (alb. Malësia e madhe). Die horizontalen Bergketten sind verkehrsfeindlich. Daher müssen die Verbindungen von Norden nach Süden die Berge umgehen, entweder über die adriatische Küstenebene oder über die Morava-Vardar-Furche (heutiges Makedonien und Kosovo). Nicht umsonst sind die albanischen Dialekte in mehrere von Süden nach Norden verlaufende Varianten gegliedert: Bergwände schotten sie horizontal ab, Öffnungen bestehen am ehesten nach Westen und Osten.

Eine einzige große Straße durchzieht das historische Albanien in west-östlicher Richtung: die Via Egnatia, die in der Römerzeit entlang dem Fluss Shkumbin (dem antiken Genusus) ausgebaute Verlängerung der Via Appia. Die Via Egnatia verbindet den Hafen von Durrës (griech. Dyrráchion) mit Ochrid, Thessaloniki und Konstantinopel. Während die östliche Adria zumeist eine gebirgige Küste aufweist, bietet das Flachland um Durrës Invasoren Landungs- und Verpflegungsmöglichkeiten. Seit dem Altertum ist Mittelalbanien daher die Einfallspforte in den südlichen Balkan. Über Durrës und die Via Egnatia rückten nicht nur die Römer nach Osten vor, sondern fast alle Herrscher Süditaliens, von den Normannen im 11. und 12. Jh. bis zu den Truppen des faschistischen Italien 1939. Albanien aber diente auch in umgekehrter Richtung als Aufmarschraum: König Pyrrhus von Epirus unternahm von dort aus seine Feldzüge gegen Rom (3. Jh. v. Chr.), von hier aus hielt Byzanz Verbindung mit seinen Besitzungen in Süditalien (bis 1071), entlang der Via Egnatia stürmten die Osmanen 30 Jahre nach ihrer Landnahme auf dem Balkan an die Adria (1385), 1480 segelte von Vlora aus eine osmanische Flotte zur Unterwerfung Renaissance-Italiens aus. Die Via Egnatia zieht Eroberer von Osten und Westen an. Sie durchschneidet den albanischen Raum und bildet die Grenze zwischen den gegischen (nördlichen) und toskischen (südlichen) Dialekten des Albanischen.

Die Via Egnatia förderte aber auch den Austausch von Waren und Ideen sowie die Wanderung von Menschen. Alle anderen Wege von der Adria in den inneren Balkan sind bis in das 20. Jh. Karawanenpfade geblieben; am wichtigsten war im ausgehenden Mittelalter die sog. Zetastraße, die Shkodra und Lezha in Nordalbanien mit Prizren im heutigen Kosovo verband und auf der Silber aus dem Kosovo gegen Salz von der Adria getauscht wurde.

Nicht nur die Via Egnatia, sondern auch die Seestraße von Otranto, an der Einfahrt in die Adria gelegen, bestimmte die geostrategische Lage des albanischen Geschichtsraumes. Die eben erwähnten Eroberungszüge dienten alle einem Ziel: der Beherrschung der Adria. Wer Süditalien besaß, träumte von Seemacht und Unterwerfung des südlichen Balkans, als Ziel winkte Konstantinopel; wer die Häfen von Durrës und Vlora kontrollierte, sah in Süditalien ein natürliches Expansionsgebiet. Das Ringen um die Vorherrschaft verlief dabei nicht nur in west-östlicher, sondern auch in nord-südlicher Richtung. Vom 9. Jh. bis zu ihrem Untergang 1797 war es Staatsräson der Republik Venedig, die Zufahrt zur Adria frei zu halten. In ihrer großen Zeit, zwischen 1100 und 1600, verlief über die Adria einer der wichtigsten Warenströme der europäischen Wirtschaft. Im 18./19. Jh. erbte Österreich mit seinem Hafen Triest, zeitweise der viertgrößte maritime Umschlagplatz in Europa, dieses strategische Interesse. Die albanische Küste besitzt nur wenige Häfen. Bis in das 20. Jh. waren weite Teile der flachen Küste entweder versumpft oder malariaverseucht. Nachdem Durrës im späten 13. Jh. von einem Erdbeben verwüstet worden war, entwickelte sich im 15. Jh. das südalbanische Vlora zu einem bedeutenden Kriegs- und Korsarenhafen der Osmanen. Noch im Kalten Krieg unterhielt die Sowjetunion bis 1961 bei Vlora eine Flottenbasis, die einzige des Warschauer Pakts im Mittelmeerraum.

Albaner sind besonders im Mittelalter und in osmanischer Zeit zur See gefahren. Orthodoxe und katholische albanische Kapitäne lieferten im Mittelalter Getreide, Wein und Holz nach Dalmatien und Italien; in der Frühen Neuzeit setzten muslimische und katholische Kaufleute aus Durrës und Shkodra diese Tradition fort. Von den mittelalbanischen Kaps aus überfielen aber auch Schiffe albanischer Adliger im 14. und 15. Jh. Adriafahrer. Muslimische Albaner bemannten die berüchtigten Barbareskenschiffe, die im ganzen Mittelmeer die christliche Seefahrt gefährdeten (16.–18. Jh.). Nach 1571 entwickelte sich Ulcinj, dessen christliche Bevölkerung von den Osmanen getötet worden war, zu einer ethnisch gemischten, doch vorherrschend albanischen Piratenstadt mit auch sprachlich albanisierten Schwarzafrikanern, die erst in jüngster Zeit in der örtlichen Bevölkerung aufgegangen sind. Orthodoxe Albaner übernahmen auf den Ägäisinseln Hýdra, Spétses und Póros des 18. Jh.s eine führende Rolle: Sie erwarben Reichtum im Getreidehandel zwischen dem russischen Schwarzmeerraum und Europa, ihre Schiffe beteiligten sich maßgeblich am Aufstand gegen die Osmanen (1821), und noch gegen Ende des 19. Jh.s wurde in der griechischen Kriegsmarine auch Albanisch gesprochen.

Östlich der großen Berge verlief die Dynamik der historischen Entwicklung v. a. von Süden nach Norden, entlang der Heerstraße von Thessaloniki über Skopje nach Belgrad. Zusammen mit der Via Egnatia bildet sie nicht nur eine Verkehrs-, sondern auch eine Herrschaftsachse. Beide Straßen durchschneiden den gebirgigen Teil des Balkans; sie verbinden jene Städte, von denen aus die großen Reiche – Rom, Byzanz, die Osmanen – den Balkan beherrschten. Über Jahrhunderte waren byzantinische, v. a. aber osmanische Heere über diese Straße an die mittlere Donau marschiert, um von dort aus die Eroberung des Pannonischen Beckens zu betreiben, im Falle der Osmanen bis vor die Tore Wiens. Besonders in den osmanischen Heeren zogen viele albanische Soldaten mit. Auch in der umgekehrten Richtung, von Norden nach Süden, rückten Heere vor, so 1189 Kaiser Friedrich I. Barbarossa auf seinem Kreuzzug nach Jerusalem. Entlang der Morava-Vardar-Furche plante Österreich-Ungarn im 19. Jh. seinen Eisenbahnbau, um seine Macht bis nach Thessaloniki auszudehnen; und nach 1945 wurde hier der jugoslawische «Autoput» (Autobahn) gebaut. Diese Nord-Süd-Achse verlief durch die äußersten Randgebiete albanischer Besiedlung auf dem Balkan. Westlich davon liegen mehrere große Siedlungskammern: im Norden Kosovo und die Metohija-(alb. Dukagjin)-Ebene, im Süden das Tal von Polog und die südwestmakedonische Ebene von Pelagonía (Monastir/Bitola).

Der albanische Raum wird vornehmlich an seinem westlichen und östlichen Rand von weltgeschichtlichen Strömungen erfasst, einzig die Via Egnatia schneidet tief in ihn ein. Weite Teile des albanischen Raumes blieben jedoch unberührt. Für diese gilt die Aussage von Hahns: Sie waren (und sind es teilweise noch) in abgeschlossene kleine Siedlungskammern zersplittert. Doch wäre nichts falscher als die Vorstellung versteinerter Berggesellschaften, denn genauso wie in den Alpen gab es über die Jahrhunderte eine hohe Wanderungsdynamik aus wichtigen Teilen des albanischen Hochlandes. Hochländer verließen ihre Heimat dauerhaft oder vorübergehend. Krieger und Wanderarbeiter kehrten zurück und brachten Güter und neue Kenntnisse aus den Ebenen mit. Als weitgehend abgeschlossen erwiesen sich die Berge nur für Außenstehende.

Die zweite Beobachtung von Hahns betrifft die Binnenstruktur des albanischen Raumes. Tatsächlich besteht auch heute noch kein politisches und kulturelles Zentrum, das alle Albaner umfasst und von allen als solches angesehen würde. Tirana und Prishtina, die wuchernden Metropolen der heutigen Staaten Albanien und Kosovo, waren um 1900 noch Marktflecken. Als Hahn schrieb, lag das bedeutendste städtische Zentrum der Albaner in der Reichshauptstadt Istanbul. Im geschlossenen albanischen Sprachraum besaßen nur Shkodra und Prizren größere Ausstrahlung.

Der Regionalismus drückt sich in der albanischen Gesellschaft in einer Vielzahl von Dialekten, kleinräumigen Gesellschafts- und Wirtschaftsstrukturen, v. a. aber durch die Traditionen lokal begrenzter Herrschaftsformen aus. Auf großregionaler Ebene waren Tosken und Gegen in sehr unterschiedliche Nachbarschaftsbezüge eingebunden, die Tosken blickten nach Süden, die Gegen nach Norden und Osten. Regionalismen und regionale Machtansprüche vermochte auch der 1912 gegründete Staat nur mit Mühe auszugleichen. Nationale Einheit wurde nach dem Vorbild des zentralistischen Frankreich besonders unter der kommunistischen Diktatur (1945–1991) durchgesetzt. Aus Furcht vor den Gebietsansprüchen der Nachbarn wurde Regionalismus mit Separatismus gleichgesetzt. Dabei ist gerade regionale Vielfalt in der albanischen Geschichte derart verwurzelt, dass es nationale Vordenker große Mühe kostete, diese zu vereinheitlichen. Der Publizist Faik Konica, ein nationalbewusster Südalbaner mit panalbanischem Blick, warnte 1922 die Tosken davor, Nordalbanien entweder als Land homerischer Helden zu verherrlichen oder aber als Heimat «*wilder Tiere*» zu verdammen; die Gegen seien keineswegs «*edler und uneigennütziger*» als die Tosken, und eine Exotisierung von Landesteilen überdecke nur soziale Probleme, etwa die gewaltigen Entwicklungsunterschiede zwischen den Städten im Süden und dem armen Bergland des Nordens, wo der «*Steuereintreiber wie ein verrückter*

Feind erwartet» wurde, wo es an Nahrung und Medizin mangelte. Regionale Diskurse sind bei den Albanern seit jeher ausgeprägt, werden aber nach außen durch die Ideologie nationaler Einheit überdeckt. Hier unterscheiden sich die albanischen Gesellschaften nicht von anderen südosteuropäischen Staaten mit reicher regionaler Tradition, Zentralismus und ausgeprägter Separatismusfurcht wie Kroatien oder Rumänien.

Albanische Geschichte in einem mehrfachen Grenzraum

Die Symbiose balkanischer Kultur- und Sprachformen seit der Antike und die imperiale Überlagerung kennzeichnen einen Raum, der wiederholt von den Hauptstädten der Großmächte aus verwaltungsmäßig durchtrennt wurde. In der Reichsteilung des Kaisers Theodosius I. (395) gelangte der heutige albanische Raum als Diözese (Großprovinz) Illyricum an die östliche Reichshälfte, aus der sich das Byzantinische Reich entwickelte. Kirchlich aber blieb die Region dem Bischof von Rom unterstellt. Weltliche und kirchliche Macht der Zentren Konstantinopel und Rom überkreuzten sich. Die zunehmende Entfremdung zwischen beiden Hauptstädten des Christentums, nicht zuletzt bedingt durch die gefährdeten Verkehrsverbindungen im frühen Mittelalter, wandelte den heutigen albanischen Raum in ein kirchliches Grenzland um. Im Jahre 732 unterstellte der byzantinische Kaiser Leon III. das Illyricum der Gerichtsbarkeit des Patriarchen von Konstantinopel. Weltliche und kirchliche Macht waren nun eins. Doch am äußersten Nordrand des späteren Albanien, um den Shkodrasee herum, hielt sich, gestützt von Dalmatien und Unteritalien, der Einfluss der römischen Kirche. Die Kirchentrennung von Rom und Konstantinopel, für die das Jahr 1054 nur symbolisch steht, hatte sich im machtpolitischen Ringen beider Kirchenfürsten um den Balkan über Jahrhunderte hinweg ausgebildet. Im albanischen Raum stießen die beiden Kirchen nun aufeinander. Mit der zunehmenden Schwäche von Byzanz, besonders nach dem Vierten Kreuzzug (1204), und der Festsetzung Neapels und Venedigs an der albanischen Küste gewann die römische Kirche an Boden.

Gerade Unschärfe und Instabilität der konfessionellen Grenzen kennzeichneten diesen Raum. Dies gilt auch für die Orthodoxie, die auf den albanischen Raum von Südosten wie von Osten einwirkte, zum einen in griechisch-byzantinischer Tradition, dann aber auch im Gewande der altslawischen Liturgie und der bulgarischen Kirche von Ochrid (spätes 9. Jh.) sowie des serbischen Erzbistums (ab 1346 Patriarchats) von Peja/Peć. Nach der Zerstörung der spätantiken Kirche durch die einwandernden Slawen erfolgte der Wiederaufbau vornehmlich im 9. und 10. Jh. sowohl durch das Patriarchat von Konstantinopel, das sich auf Hafenstädte an der Adriaküste stützte, als auch durch Missionare aus dem christianisierten Bulgarien. Die vielfältigen Einflüsse, romanisch-adriatische, griechisch-byzantinische und orthodox-südslawische, überlagerten sich besonders an den albanischen Adelshöfen im Spätmittelalter.

Die Eroberung durch das Osmanische Reich und die Ausbreitung des Islam besonders seit dem ausgehenden 16. Jh. verstärkten den Grenzcharakter der Geschichtslandschaft Albanien. Der Gegensatz zwischen Orthodoxie und katholischer Welt blieb bestehen, wurde aber um den Machtkampf zwischen dem vordringenden Islam und der römischen Kirche erweitert. Zugleich wurden auch die bereits bestehenden Misch- und Übergangsformen zwischen den christlichen Konfessionen durch christlich-islamische Synkretismen ergänzt. Politisch bildete der albanische Raum Grenzschutz wie Angriffsbasis für Byzanz und die Osmanen. Der Zusammenbruch des Osmanischen Reichs auf dem Balkan (1912) machte ihn wieder zum Objekt regionaler und außerregionaler Machtinteressen. Die europäischen Großmächte sanktionierten 1913 weitgehend die von Serbien und Griechenland geschaffenen neuen Gebietsverhältnisse, die den albanischen Siedlungsraum teilten. Sie hatten bereits seit den späten 1860er-Jahren Teilungspläne gehegt. 1941–1944 bauten die Achsenmächte («Großalbanien»), von 1945 bis 1961 die Sowjetunion den albanischen Staat in ihre Großraumpläne ein.

Herrschaft und Machtansprüche aus allen Himmelsrichtungen haben im historischen Albanien und bei seinen Bewohnern tiefe kulturelle und gesellschaftliche Spuren hinterlassen. Sie haben auch eine dauerhafte großräumige Herrschaftsbildung erschwert. Doch obwohl die Albaner in einem geostrategischen Wetterwinkel Europas liegen und vor 1912 weder politisch noch kulturell eigene großräumige Institutionen ausbildeten – oder vielleicht auch gerade deswegen –, haben sie sich sprachlich nie assimiliert. Die Kontinuität albanischer Geschichte ruht wesentlich auch in der albanischen Sprache.

Die albanische Sprache als Spiegel der albanischen Geschichte

Während für viele Jahrhunderte die Schriftquellen zu den Albanern schweigen, erzählt ihre Sprache von ihrer Geschichte. Wie Archäologen haben Sprachwissenschaftler Schicht um Schicht der albanischen Sprachgeschichte freigelegt. Eine Untersuchung vom Beginn des 20. Jh.s schätzte, dass rund vier Fünftel des albanischen Wortschatzes aus dem Lateinischen, Venezianischen, Slawischen, Neugriechischen, Rumänischen und Türkischen stammten. Die Stufen der Gesellschafts- und Kulturgeschichte der Albaner spiegeln sich in deren Sprache wider: römische Herrschaft, die frühmittelalterliche Hirtensymbiose mit den Urrumänen und Aromunen, die slawische Landnahme und die jahrhundertealte Nachbarschaft mit Bulgaren und Serben, die Verbundenheit mit der byzantinischen Orthodoxie und der neugriechischen Welt, die seit dem 11. Jh. verstärkt auftretenden venezianischen Kaufleute, ein halbes Jahrtausend osmanischer Herrschaft. Im 20. Jh. kamen zahlreiche Wortneuschöpfungen hinzu, oft nach dem Vorbild des Italienischen und Französischen, zuletzt des Amerikanischen, die türkische und griechische Begriffe verdrängten. Das Albanische hat aber nicht nur genommen, sondern auch gegeben. So ist wohl der nachgestellte Artikel («Tier-das», nicht «das Tier») vom Albanischen in das Rumänische übernommen worden.

Ein wichtiger Moment der albanischen Sprachgeschichte und damit auch der albanischen Geschichte allgemein ist die Herausbildung der beiden Hauptdialekte, des Gegischen im Norden und des Toskischen im Süden. Die Forschung geht davon aus, dass wesentliche Unterschiede schon in frühchristlicher Zeit entstanden waren; die heute bestehenden erheblichen Unterschiede, die es einem Südalbaner nicht leicht machen, einen Albaner aus dem Kosovo zu verstehen, haben sich aber erst in den letzten vier bis fünf Jahrhunderten entwickelt. Die albanischen Sprachdenkmäler des 16. Jh.s weisen deutlich weniger Unterschiede auf als das Toskische und das Gegische um 1900. Die Unterschiede umfassen nicht nur Wortschatz und Aussprache, sondern auch die Morphologie. So besitzt das Gegische einen Infinitiv, das Toskische aber nicht.

Die heutige Verbreitung des Albanischen ist Ergebnis jahrhundertelanger, äußerst verwickelter Wanderungen. Heute sprechen rund zwei Drittel der Albaner gegische Dialekte. Das Verbreitungsgebiet des Gegischen reicht vom mittelalbanischen Shkumbin im Süden bis hinauf nach Ulcinj und Plav/Gusinje im heutigen Montenegro sowie zur Stadt Mitrovica im heutigen Kosovo; im Osten verläuft die Sprachgrenze zum Serbischen bzw. Makedonischen im Westen der oberen Morava (mit den teilweise bzw. mehrheitlich albanischen Gemeinden Preševo, Medvedja und Bujanovac), über Kumanovo, Skopje und dann das sprachlich gemischte, mehrheitlich albanische Polog bis zum Ochridsee, wo die Dialektgrenze zum Toskischen die Stadt Struga am Schwarzen Drin durchschneidet. Sprachinseln bestehen auch östlich von Kruševo.

Sowohl das Gegische als auch das Toskische zerfallen in mehrere große Unterdialekte, von denen das Nordtoskische die Grundlage der modernen Standardsprache darstellt.

Außerhalb des geschlossenen Sprachgebiets finden sich altertümliche südalbanische Dialekte im heutigen Griechenland (Arvaniten) und Süditalien (Arbëreshen in Apulien, Basilicata, Kalabrien, Sizilien). Weitere Sprachinseln entstanden in der Frühen Neuzeit durch die Flucht christlicher Albaner, die gegen die Osmanen rebellierten (Borgo Erizzo oder Arbanasi südlich von Zadar als Ansiedlung katholischer Nordalbaner, 1726–1733); durch Binnenwanderung entlang der Via Egnatia innerhalb des osmanischen Machtbereichs, so in Thrakien (Qytezë) und Bulgarien (Mandrica); schließlich auch durch die Flucht orthodoxer Albaner nach Neurussland (Südukraine) in den Russisch-Osmanischen Kriegen von 1768–1774 und 1787–1791. Das Sprachgebiet des Albanischen war im Verlauf von Mittelalter und Neuzeit starken Schwankungen unterworfen, die im Abschnitt zur Migration genauer betrachtet werden.

Alteingesessene oder Zuwanderer?

Das Albanische ist eine altbalkanische Sprache. Obwohl sie einen starken Anteil lateinischer Lehnwörter aufweist, sind sie und ihre Sprecher in der römischen Herrschaft (ca. 220 v. Chr.–ca. 600 n. Chr.) anders als die altbalkanischen Vorfahren der Rumänen und Aromunen nicht romanisiert worden. Neben dem Albanischen haben nur das Baskische und das Keltische in entlegenen Randgebieten des Römischen Reiches ihre sprachliche Eigenständigkeit bewahrt. Über diese besondere Stellung in der Familie der europäischen Sprachen besteht in der Forschung Einigkeit. Dass das Albanische unter den indogermanischen Sprachen eine isolierte Gruppe bildet, hat seit dem 17. Jh., beginnend mit Leibniz, die Neugier der Gelehrtenwelt auf sich gezogen. Woher die Sprecher des Albanischen stammten, ob sie in ihren heutigen Siedlungsgebieten seit dem Altertum altansässig oder zugewandert seien, darüber wird in der Forschung seit bald dreieinhalb Jahrhunderten besonders in der deutschsprachigen Welt debattiert, seit rund 150 Jahren in Politik und Gesellschaft auf dem Balkan aber erbittert gestritten.

Die Erforschung der albanischen Frühgeschichte stößt auf zahlreiche wissenschaftliche und außerwissenschaftliche Hindernisse. In den heutigen albanischen Gesellschaften auf dem Balkan gilt eine Abstammung von den antiken Illyrern und eine ununterbrochene Ansässigkeit in den derzeitigen Siedlungsgebieten als Fundament albanischer Identität. Diese besonders seit der zweiten Hälfte des 19. Jh.s umlaufenden Ideen richten sich gegen bis tief in das 20. Jh. vorgebrachte Behauptungen der nationalpolitischen Konkurrenten auf dem Balkan, Griechen und Südslawen, die Albaner besäßen weder Geschichte noch Literatur, sie seien späte Einwanderer, ohne Rechte auf ihre Siedlungsgebiete und Eigenstaatlichkeit. Dem griechischen Anspruch auf kulturelle Überlegenheit setzten die Vordenker der albanischen Nationalbewegung die These entgegen, das Albanische sei älter als das Griechische und die Illyrer hätten vor den antiken Griechen auf dem Balkan gesiedelt. Die Behauptung einer ungebrochenen Ansässigkeit in den heutigen Siedlungsgebieten wiederum ist als Gegenstück zur serbischen These von der späten (nach 1690) Einwanderung der Albaner in den Kosovo zu verstehen. Wer die albanische Frühgeschichte untersucht, wird so unweigerlich in aktuelle Politik verwickelt.

Die These einer illyrisch-albanischen Kontinuität ist alt; in ausgebauter Form wurde sie 1778 von dem in Halle lehrenden Schweden Johann Thunmann aufgestellt. Im ausgehenden 19. Jh. fand sie Eingang in die Diskussionen albanischer Nationalisten. Im kommunistischen Albanien wurde sie zu einer Geschichts- und Staatsdoktrin und als solche mit allen Mitteln eines totalitären Staates in der Gesellschaft verankert. Im 19. Jh. war der Illyrerthese auch die Vorstellung entgegengesetzt worden, die Albaner stammten von dem sagenumwobenen, uralten Balkanvolk der Pelasger ab. Die sog. Pelasgertheorie diente albanischen Nationalisten bald zur Abgrenzung von den Griechen, bald zu der von Griechen und Arvaniten vertretenen Vorstellung, Albaner und Griechen stammten beide von den Pelasgern ab, seien also Brudervölker, die sich politisch ungeachtet von Sprach- und teilweise auch Religionsunterschieden zusammenschließen sollten. Trotz der albanisch-griechischen Gegensätze im 20. Jh. verschwand diese Theorie nie ganz, ja sie erlebt derzeit eine gewisse Renaissance, zumal sie im Gegensatz zur Illyrerthese die Albaner noch mehr zum europäischen Urvolk erhebt.

Wie aber stellt sich nun die albanische Frühgeschichte als Forschungsfrage dar? Im Wesentlichen geht es um die Verortung der Sprecher des Albanischen in Raum und Zeit. Zeitlich konzentriert sich die Diskussion vornehmlich auf die Epoche von der römischen Herrschaft bis zum Auftreten der Albaner in Schriftquellen des Hochmittelalters (3. Jh. v. Chr.–11. Jh. n. Chr.). Die Sprachgeschichte spricht für die vorrömische Zeit von «Vor-Uralbanisch»; für die römische Zeit und das Mittelalter von «Uralbanisch»; für die durch albanischsprachige Schriftquellen abgedeckte Zeit vom 15. bis zum 18. Jh. von «Altalbanisch», während mit «Neualbanisch» der Zeitraum verstärkter Schriftlichkeit ab dem frühen 19. Jh. bezeichnet wird.

Als Raum steht der Balkan im Mittelpunkt. Die noch im 18. Jh. verbreitete und heute bisweilen im Ausland propagierte Vorstellung, die Albaner seien aus dem Kaukasus eingewandert, wo bis in das 9. Jh. ein christliches Königreich «Albanien» (Ałwank) – das mit den Albanern auf dem Balkan nichts zu tun hat – bestanden hatte, wurde schon vor rund 200 Jahren widerlegt. Einigkeit herrscht in der Forschung auch über die Art des Quellenmaterials: Da altbalkanische Sprachen kaum schriftlich belegt sind, muss die albanische Sprache selbst als Quelle untersucht werden. Die archäologische Forschung kann zwar ergänzende Erkenntnisse liefern; diese beschränken sich aber auf die materielle Kultur und geben über sprachliche Verhältnisse kaum oder keine Auskunft. Wortschatz, Orts- und Flurnamen sowie Sprachformen in ihrer Entwicklung über viele Jahrhunderte sollen Antwort auf die Grundfragen der albanischen Frühgeschichte geben und das Fehlen von Urkunden und Chroniken ausgleichen. Bei der Bewertung der aus diesen Quellen gewonnenen Erkenntnisse aber gehen die Forschungsmeinungen auseinander. Im Wesentlichen werden folgende Thesen vertreten:

1. Das Albanische stammt vom Illyrischen ab und ist also altansässig.
2. Das Albanische stammt vom Thrakischen ab, das im Altertum im östlichen Balkan vertreten war. Die thrakischen Vorfahren der Albaner sind nach Westen gewandert.
3. Das Albanische hat sich weder aus dem Illyrischen noch aus dem Thrakischen, sondern aus einer weiteren, namentlich nicht bekannten altbalkanischen Sprache entwickelt.

Diese Thesen kennen weitere Verfeinerungen und Untervarianten. Die erste These wird von Gelehrten vertreten, die nicht das gesamte heutige Sprachgebiet als antiken Siedlungsraum der Albaner annehmen. Der deutsche Historiker Georg Stadtmüller entwickelte 1942 die These vom «Mati-Gau», einem mittelalbanischen Tal um den Fluss Mat, welches die «Urheimat» der Albaner dargestellt habe, von wo aus sie sich im Hochmittelalter nach allen Himmelsrichtungen ausgedehnt hätten. In neuerer Zeit wird hingegen die Theorie wiederbelebt, wonach das heutige Nordalbanien, der heutige Kosovo und das heutige Makedonien im Altertum das albanische Kerngebiet gebildet hätten.

Die zweite These, die sog. Zuwanderungsthese, muss die Frage beantworten, wann die Albaner eingewandert seien. Der derzeit bekannteste Vertreter dieser Meinung, der Freiburger Historiker Gottfried Schramm, stellte 1994 die Hypothese auf, das thrakische Volk der Bessen, das in der Spätantike christianisiert worden war, habe eine eigene Kirchensprache besessen und sei vor den Verfolgungen heidnischer Bulgaren im frühen 9. Jh. an die Adria abgewandert. Hierfür liegen aber keine Quellen vor. Anhänger einer Zuwanderung gliedern sich in jene, die eine Migration über sehr weite Entfernung annehmen, und solche, die eine Zuwanderung aus dem östlich angrenzenden Bergland an die heutige albanische Küste vermuten, also eine Bewegung über sehr kurze Strecken (ca. 150 km).

Auf welche Befunde stützen sich diese Theorien? Im Folgenden sollen einige Kernelemente der sprachgeschichtlichen Diskussion vorgestellt werden, die in intensiver Form spätestens seit Thunmann (1778) geführt wird, also zu den langlebigen Debatten geisteswissenschaftlicher Forschung in Europa gehört. Von der illyrischen Sprache hat sich kaum etwas erhalten; es ist nicht möglich, sie zu rekonstruieren. Daraus folgt, dass für die illyrisch-albanische Kontinuität zwar Hinweise, aber keine Beweise erbracht werden können. Ebenso spekulativ sind Herleitungen aus dem Thrakischen. Die albanische Sprache selbst ist schriftlich erst spät dokumentiert – eine Taufformel aus dem Jahr 1462, das erwähnte Messbuch des Buzuku, Übersetzungen katholischer Schriften ab dem 17. Jh., als erstes Originalwerk schließlich der «Cuneus prophetarum» des Pjetër Bogdani (1685).

Auf dieser Grundlage stellten Sprachwissenschaftler fest, dass das Albanische trotz seines hohen Anteils an lateinischen Lehnwörtern keine halbromanische Sprache ist, wie man noch Ende des 19. Jh.s angenommen hatte, dass aber der Einfluss der anderen großen antiken Schriftsprache, des Altgriechischen, äußerst bescheiden ist. Das weitgehende Fehlen dieses Einflusses deutet darauf hin, dass die Vorfahren der heutigen Albaner wohl nicht im heutigen Südalbanien gelebt haben, wo seit dem 7. Jh. v. Chr. mehrere bedeutende griechische Kolonien gegründet worden waren (wie Apollonía, Phoiníke oder Dyrráchion). Es ist davon auszugehen, dass die frühen Albaner nördlich der sog. Jireček-Linie (benannt nach dem Wiener Balkanhistoriker Konstantin Jireček, 1854–1918) siedelten: Diese trennt den Bereich der lateinischen und griechischen Inschriftensprache auf dem Balkan, eine Grenze, die quer durch das heutige Mittelalbanien verläuft und an der bulgarischen Schwarzmeerküste endet. Latein, kaum aber Griechisch, durchdrang viele Wortschatzfelder des Albanischen, bis in die Kirchensprache hinein. Im Altertum lebten die frühen Albaner in jenem Teil des Balkans, wo Latein Verwaltungssprache war. Auch das Christentum empfingen sie ursprünglich in lateinischer Sprache.

Aufschlussreiche Befunde ergaben auch Untersuchungen von Wortschatzbereichen: Der fehlende maritime Erbwortschatz deutet darauf hin, dass die Vorfahren der heutigen Albaner im Altertum nicht am Meer lebten. Da das Albanische für Tiere und Pflanzen im Hügelland und Bergland einen eigenen Wortschatz besitzt, für jene des Flachlands aber viele Begriffe aus dem Slawischen übernommen worden sind (so für Eibe, Pappel, Birnbaum, Frosch, Fischotter, Blutegel, aber auch Schlamm und Morast), darf zudem vermutet werden, dass Albaner im frühen Mittelalter nicht in Ebenen siedelten. Verstärkt wird diese Auffassung durch den slawischen Einfluss in den Bereichen Landwirtschaft und Verwaltung (z. B. Egge, Hacke, Sichel, Hausrat, Hof, Adel, Brauch). Slawische Lehnwörter entstammten im Frühmittelalter weitgehend dem Bulgarischen und drangen in das Toskische wie das Gegische ein, während im Spätmittelalter die serbische Herrschaft in Nordalbanien sich in serbischem Einfluss auf das Gegische (nicht aber das Toskische) äußerte. In der Viehzucht teilt das Albanische zahlreiche Begriffe mit dem Aromunischen und dem Dakorumänischen, d. h. der Sprache balkanromanischer Hirten bzw. dem heute in Rumänien (dem antiken Dakien) gesprochenen Rumänisch, die beide miteinander verwandt sind. Dies wirft die Frage auf, wo die heute räumlich getrennten Rumänen und Albaner in der Spätantike gemeinsam siedelten.

Das Albanische hat auch teil am sog. Balkansprachbund. Damit sind untereinander nicht näher verwandte Sprachen gemeint – Albanisch, Dakorumänisch, Aromunisch, Bulgarisch sowie der torlakische Dialekt des Serbischen –, die gemeinsame strukturelle Merkmale teilen, etwa den nachgestellten Artikel, den Zusammenfall von Genitiv und Dativ, die Zählung von 11 bis 19 durch «eins auf zehn, zwei auf zehn ...» oder das Schwinden des Infinitivs (nur im Südalbanischen), der durch eine Konjunktivkonstruktion ersetzt wird. Der Balkansprachbund ist ein hervorragender Beleg für das jahrhundertelange enge Zusammenleben der Sprecher dieser Sprachen und die kulturelle Durchmischung des Balkans.

Die Erforschung von Flurnamen lieferte ebenfalls bedeutsame Befunde. Methodisch geht es darum zu untersuchen, 1) ob in der Antike belegte Namen die Lautveränderungen der albanischen Sprache nachvollzogen – dann wären sie den Albanern seit jeher bekannt gewesen; 2) ob Albaner Namen auf ihrem heutigen Siedlungsgebiet aus anderen Sprachen entlehnten; 3) ob zuwandernde Slawen Namen aus dem Uralbanischen übernahmen, was auf eine ursprünglich albanische Besiedlung hinweisen würde. Jüngste Untersuchungen (Joachim Matzinger) ergaben, dass die Uralbaner um 150 v. Chr. küstennahe Namen im heutigen Nordalbanien in ihre Sprache aufnahmen (Ulcinj/alb. Ulqin, Shkodra, Lezha) und sich diese Raumkenntnis langsam nach Süden ausdehnte (um 400 n. Chr. Durrës, um ca. 700/800 Shkumbin). Das bedeutet, dass sie zu der Existenz dieser Orte Bezug hatten, nicht unbedingt, dass sie selbst dort auch lebten. Im inneren Balkan hingegen haben die zuwandernden Slawen im 6./7. Jh. die Ortsnamen von Skopje (Scupi, alb. Shkup) und Štip (Astibos) von Vorfahren der Albaner übernommen.

Wichtige Vertreter der nichtalbanischen Forschung haben die Befunde aus der Untersuchung von Sprache und Ortsnamen zu einem – angesichts der lückenhaften Untersuchung gerade der Geländenamen – provisorischen Bild zusammengefügt:

Die Uralbaner haben vor dem Auftreten der Slawen im lateinisch verwalteten Balkan – also nördlich der Jireček-Linie – in einem Raum gesiedelt, der sich vom heutigen Nordalbanien bis nach Zentralmakedonien erstreckt. Dabei ist es wohl besonders im inneren Balkan zu einem langen und engen Kulturkontakt mit vollständig romanisierten altbalkanischen Bevölkerungsteilen, den Urrumänen und Uraromunen, gekommen. Angesichts der vordringenden Slawen haben sich diese ganz oder nur teilweise romanisierten römischen Provinzbewohner seit dem 6. Jh. in höhere Gebiete zurückgezogen, wo sie aus klimatischen Gründen Viehzucht betrieben. Die Beruhigung der Lage in den Ebenen, eng verbunden mit der Wiedererrichtung römischer (byzantinischer) Herrschaft, bewog die Hirten des Hochlandes (wohl ab dem 9. Jh.), in tiefere Lagen vorzudringen, wo sie von den Slawen Wortschatz übernahmen, der der dortigen Fauna und Flora, aber auch der Wirtschaftsweise (Ackerbau) und Herrschaftsorganisation entsprach. Ungeklärt ist, ob Vorfahren der heutigen Albaner in der Antike im heutigen Südalbanien lebten, das im Frühmittelalter besonders stark slawisch besiedelt wurde.

Die albanische Forschung lehnt diese Vorstellung ganz weitgehend ab. In ihren jüngsten Arbeiten führt sie für die These von der illyrisch-albanischen Kontinuität folgende Argumente an: Es bestehen Hinweise auf eine sprachliche Verwandtschaft zwischen dem Albanischen und dem Messapischen, einer im antiken Apulien gesprochenen Sprache. Dieser transadriatische Sprachkontakt könne nur zustande gekommen sein, wenn die Uralbaner im heutigen Albanien gesiedelt hätten (demgegenüber wird eingewandt, dass die Messapier wohl aus dem Balkan nach Apulien eingewandert waren, der Sprachkontakt also auch im inneren Balkan hätte stattfinden können). Das Albanische sei heute in den ehemals illyrischen Gebieten verbreitet; es gebe keine Hinweise auf massive Wanderungsbewegungen in historischer Zeit. Zahlreiche Ortsnamen belegten den kontinuierlichen Gebrauch durch Sprecher des Albanischen; insbesondere die kleinräumigen Flurnamen sprächen gegen eine Verdrängung der Albaner durch Slawen. Der Rückzug von der Küste habe den Verlust des maritimen Eigenwortschatzes bewirkt, den die Albaner bei einer erneuten Berührung mit dem Meer v. a. aus romanischen Sprachen wieder erlernt hätten. Auch sei der altgriechische Einfluss auf das frühe Albanisch gut nachweisbar.

Die Forschung befindet sich derzeit im Fluss. In engen wissenschaftlichen Kreisen wird eine ergebnisoffenere Diskussion der stark politisierten Frage allmählich möglich. Nötig sind besonders weitere namenkundliche Untersuchungen. V. a. aber ist in den albanischen Gesellschaften zu vermitteln, dass Forschungen zur albanischen Frühgeschichte keinen Einfluss auf heutige politische Entscheidungen zeitigen. Die Entemotionalisierung dieses Forschungsthemas wird aber noch lange dauern, da die illyrische Herkunft tief im Selbstverständnis fast aller Albaner verankert ist.

Albaner, Slawen und Byzantiner im frühen Mittelalter

Was aber war zwischen der slawischen Landnahme und dem vermuteten Abstieg der altbalkanischen Hirten aus ihren hoch gelegenen Zufluchtsstätten geschehen? Die Einwanderung slawischer Gruppen in den Balkan seit dem 6. Jh. n. Chr. zerstörte die antike städtische Kultur und die mit ihr verbundene christliche Kirchenorganisation, sie beendete die Antike auf dem Balkan und veränderte die ethnische Zusammensetzung der Bevölkerung grundlegend. Slawische Einwanderer drangen bis in die letzten Winkel der ehemals römischen Provinzen vor, und zwar auch in Gebiete, in denen heute nicht mehr Slawisch gesprochen wird, so in Südgriechenland oder im heutigen Albanien. Die Slawen kamen nicht als einheitliches Volk oder als zahlenstarke Verbände mit klaren Herrschaftsstrukturen, sondern als kleine Gruppen, die oft von nichtslawischen Kriegereliten (Germanen und Awaren) geleitet wurden. Nach der awarischen Niederlage gegen Byzanz (626) erlangten sie auf dem Balkan jedoch weitgehend freie Hand.

Der äußere Ablauf der slawischen Einfälle ist in Umrissen bekannt: Im Jahre 536 erreichten slawische Krieger erstmals die Adria; zwölf Jahre später begleiteten sie die germanischen Völker der Langobarden und Gepiden, die den großen Hafen Dyrráchion plünderten. Das blühende Býllis mit seiner Kathedrale wurde zerstört. 551/52 folgte ein weiterer schwerer Verwüstungszug. Nach dem Fall der Donaufestung Sirmium (582) gelangten slawische Kriegergruppen, diesmal im Gefolge des Steppenvolkes der Awaren, in großer Zahl in den inneren Balkan. Nachdem dort mit Naissus/Niš die wichtigste römische Festung eingenommen worden war (615), setzte die slawische Ansiedlung in den Provinzen Dardanien (heutiger Kosovo) und Praevalis (heutiges Nordalbanien und Montenegro) ein. In den 620er-Jahren brach die römische Herrschaft auf dem Balkan bis auf wenige Küstenfestungen endgültig zusammen. Teilnehmerlisten an kirchlichen Synoden, Siegel von Amtsträgern sowie Grabungsbefunde liefern spärliche Hinweise darauf, wie im 8. und 9. Jh. Byzanz allmählich wieder Fuß fasste.

Eine überragende Bedeutung kam der Hafenfestung Dyrráchion zu, deren Bewohner ihre Beziehungen nach Konstantinopel auf dem Seeweg aufrechterhielten, wohl unterstützt von der byzantinischen Flotteneinheit auf Kephallenía. Zwischen 720 und 760 sind in Dyrráchion Stadtmilizen nachzuweisen, die einem Dux (Herzog) unterstanden, der wohl nicht ein kaiserlicher, sondern ein städtischer Würdenträger war; zu Beginn des 9. Jh.s wurde Dyrráchion dann in das System der Themen (Militärprovinzen) eingebunden. Langsam schob Byzanz seinen Einfluss in das Hinterland vor, was sich auch an der Ausbreitung von Waren ablesen lässt, die von Dyrráchion aus weiter nach Osten vordrangen. Nach 1945 konstruierten albanische Archäologen aus diesen Spuren die sog. Komanikultur (benannt nach einer wichtigen Grabungsstätte), die das Bindeglied zwischen Illyrern und den Arvanítai des 11. Jh.s bilden sollte. Neuere Forschungen zeigen aber, dass sich aus diesen Funden v. a. der materielle Einfluss der byzantinischen Kultur ablesen lässt. Byzanz sicherte seine Grenzen nach Norden durch die Festung Lezha ab, deren Akropolis, im Gegensatz zur Unterstadt, von Slawen offenbar nicht bezwungen wurde. Als Grenzburg gegen das slawische Dioclea und als Flusshafen nahm es den Grabungsbefunden zufolge bis in das 13. Jh. einen erheblichen Aufschwung. Die Burg wurde im 8. Jh. neu befestigt; bei der Untersuchung der Kammergräber lassen sich kulturelle Zusammenhänge mit Grabstätten im Ägäisraum, aber auch dem Abendland nachweisen; Keramik stammte aus Italien wie aus Griechenland, der Damenschmuck war byzantinischer und slawischer Art. Der Spaten der Archäologen hat eine Vielfalt zutage gefördert, wie sie aus späteren Jahrhunderten durch andere Quellen fassbar ist: Die byzantinischen Häfen standen im Austausch mit der byzantinischen und der adriatischen, aber auch der balkanslawischen Welt. Byzanz stützte seine Herrschaft auf Siedlungen, die geschützt an Hängen lagen, so Sarda, Koman, Berat, Gjirokastra und v. a. Kruja, von dem aus der Verkehr zur See überwacht, das Flachland überblickt und der Eingang in die Bergwelt beherrscht wurde. Es ist kein Zufall, dass im Herrschaftsradius von Dyrráchion die Zahl slawischer Ortsnamen gering ist. Und hier, im Hinterland von Dyrráchion, entstanden am Rande der byzantinischen Welt um 1100 und erneut um 1200 auch erste albanische Herrschaftsbildungen.

Beim derzeitigen Stand der Forschung kann folgende Skizze entworfen werden: Die slawischen Einwanderer haben sich v. a. von Südosten nach Nordwesten entlang der großen Flüsse vorgeschoben. Dabei umgingen sie die Berggebiete des heutigen Mittelalbanien, die bestenfalls als Durchzugsgebiete dienten. Die Slawen erreichten die Adria und setzten sich dort in den Niederungen fest. Slawische Ortsnamen in erheblicher Dichte säumen das Shkumbintal und die Küstenebene. Die Verästelung der Wanderungen nach Süden zeigt sich an einem slawischen Ortsnamenanteil von zumeist rund 30 % in Küstennähe (heutige Labëria), rund 40 % im wichtigen Dropulltal (um Gjirokastra) und bis über 50 % um Përmeti. Ausläufer der slawischen Besiedlung sind auch in das Matiund Fanigebiet vorgedrungen. Mit anderen Worten: Das gesamte heutige albanische Siedlungsgebiet wurde mit regionalen Unterschieden von slawischer Siedlung erfasst; am wenigsten von einer slawischen Niederlassung betroffen war das mittel- und nordalbanische Bergland nördlich der Via Egnatia. Slawen siedelten sowohl in den Ebenen wie im Hügel- und Bergland Südalbaniens. Sprachlich-kulturell und politisch zeichnen sich zwei slawische Einflusspole ab, ein bulgarischer im Süden (ab dem 9. Jh.), ein zweiter südslawisch-serbischer im Norden (Duklja/Zeta/Montenegro ab dem 11. Jh., Raška/Binnenserbien ab dem späten 12. Jh.).

Slawische Herrschaftsbildung im südwestlichen Balkan

Die bulgarische Herrschaft, die vom späten 9. Jh. bis 1018 währte, hat nur wenige Spuren in den Quellen hinterlassen, was aber nicht darüber hinwegtäuschen darf, dass besonders Südalbanien in der Geschichte des Ersten Bulgarischen Reiches (681–1018) große Bedeutung zukommt. Denn mitten im inneren Balkan schuf Zar Boris-Michael, der die Bulgaren zum Christentum geführt hatte, mit Ochrid einen kirchlichen und kulturellen Mittelpunkt. 886/889 entsandte der Zar den hl. Klemens als Missionar und schenkte ihm die Stadt Devoll in Albanien. Von dort aus dehnte sich die bulgarisch-altkirchenslawische Kirchenkultur in den heute südalbanischen Raum aus. Die politische Herrschaft folgte auf dem Fuß: Zar Symeon (893–927) erweiterte sein Reich bis an die Adria und rückte im Norden wohl bis in die Gegend von Shkodra vor. Zar Samuel (976–1018) verlegte nach der byzantinischen Eroberung Bulgariens den Sitz des bulgarischen Zarentums in die Region der makedonischen Seen (Prespaseen und Ochridsee); ihm gelang die Eroberung der byzantinischen Hafenfestung Dyrráchion (989–997). 1018 wurde nach langen Kriegen sein Reich von dem byzantinischen Kaiser Basíleios II., dem «Bulgarenschlächter», unterworfen. Die letzten Widerstandsnester des Bulgarenreiches lagen dabei in jenen Bergen Südalbaniens, die so dicht mit slawischen Ortsnamen übersät sind. Dorthin hatten sich Presian, Alusian und Aaron geflüchtet, die Söhne des Bulgarenprinzen Ivan Vladislav. Berat, damals und noch in osmanischer Zeit «Belgrad» («Weißenburg») genannt, ergab sich zusammen mit seinem Vojvoden Elemag als eine der letzten bulgarischen Burgen. Wenn auch die bulgarische Herrschaft verschwand – zwei Jahrhunderte später sollte das 1185 entstandene Zweite Bulgarische Reich unter Zar Ivan Asen II. noch einmal für kurze Zeit Mittel- und Südalbanien erobern –, so blieben doch Spuren im kirchlichen Bereich, so die Verehrung der Ochrider Slawenapostel Klemens, Naum (im Kloster Sveti Naum an der heutigen albanisch-makedonischen Grenze) und Angelarius, aber auch des hl. Johannes Vladimir. Über diesen von seinem Schwager ermordeten Fürsten, der im gleichnamigen Kloster bei Elbasan verehrt wird, erzählt die Legende: «*Einst jagte er in dieser Gegend, die damals eine Wildniss war, und erblickte einen weissen Falken, der ein Kreuz trug; er verfolgte ihn so lange, bis der Vogel das Kreuz zu Boden setzte. … Dort baute er eine Kirche und betete in ihr siebenmal des Tages.*» 1380 ließ der albanische Adlige Karl Thopia eine dreisprachige griechisch-slawisch-lateinische Inschrift anbringen, die an Johannes erinnert.

Die Herrschaftsbildung im Norden, um den Shkodrasee, setzte deutlich später ein. In einem slawisch-albanisch-balkanromanischen Mischgebiet entstand das Reich Dukljа (lateinisch Dioclea), das von Zar Symeon kurzzeitig unterworfen wurde, dann an Byzanz fiel, sich aber um 1000 von der byzantinischen Herrschaft löste. 1077 schickte Papst Gregor VII. dem Fürsten von Duklja eine Königskrone. Auch dort entwickelte sich ein bedeutender Pilgerort, die Prečista Krajinska am Westufer des Shkodrasees, die wie Sveti Naum in späterer Zeit Christen wie Muslime anzog. 1183 geriet Duklja endgültig in den Sog der binnenserbischen Herrschaft der Nemanjidendynastie, die im späten 12. Jh. sowohl nach Nordalbanien vordrang wie Vorstöße auch in das Gebiet des heutigen Kosovo unternahm und 1217 ebenfalls vom Papst eine Königskrone empfing.

Die albanisch-slawische Symbiose im Mittelalter

In diesem kirchlichen und politischen Rahmen bildete sich im Früh- und Hochmittelalter jene albanisch-slawische Symbiose aus, die sich im Wortschatz des Albanischen und in den slawischen Ortsnamen im heutigen albanischen Raum niedergeschlagen hat. In dieser Symbiose wurden aber die Albaner nicht slawisiert, im Gegenteil: In einem Vorgang, der sich aus Quellenmangel nicht im Einzelnen nachvollziehen lässt, wurden die slawischen Siedler auf dem Gebiet des heutigen Albanien bis in das Spätmittelalter albanisiert. Spätestens als sich im 9. Jh. die byzantinische Herrschaft an der Adriaküste wieder festigte (s. u.), muss es zu einem allmählichen Übergewicht der Albaner gegenüber den slawischen Zuwanderern gekommen sein. Die Rekonstruktion der Abläufe wird durch die Frage erschwert, ob und, wenn ja, wann und unter welchen Umständen Albaner südlich der Jireček-Linie ansässig wurden; oder mit anderen Worten: ob die Albaner in Südalbanien autochthon oder im Verlauf des Frühmittelalters zugewandert sind. Bekannt ist nur das Ergebnis der derzeit nur schwer nachvollziehbaren Akkulturierung von Slawen an das albanische Element im heutigen Albanien: Die altbalkanische Bevölkerung hatte landwirtschaftliche Techniken und Wortfelder übernommen, die Eroberer dann aber sprachlich und kulturell integriert. Dies geschah unter dem verbindenden Gefüge der erstarkenden byzantinischen Herrschaft und der orthodoxen Kirche, der die meisten Albaner und Slawen angehörten. Gerade im einst stark bulgarisch geprägten Süden des heutigen Albanien hielten sich noch bis in das 16. Jh. Reste slawischer Bevölkerung, so in der Himara und dem Dropulltal; westlich der Prespaseen bestanden, in kleinen Resten bis heute, breite sprachliche Mischzonen. Im Norden Albaniens und in Montenegro erhielten Slawen und Albaner durch die im 15. Jh. entstandenen Stämme ein weiteres gemeinsames Strukturmerkmal, das, dem Sprachunterschied zum Trotz, zur Ausbildung einer ähnlichen Kriegermentalität führte.

Herrschaft und Politik in der albanischen Geschichte

Werden Albaner im Rahmen einer Balkangeschichte betrachtet, müssen sie auch als historische Akteure fassbar sein. Dabei soll keinesfalls eine Nation oder ein handelndes Kollektiv bereits für das Mittelalter konstruiert werden. Auch kann es nicht um einen Gegensatz zwischen «fremden» Herrschern und «albanischen» Beherrschten gehen, wie es die albanische Nationalhistoriographie mehrheitlich sieht. Albaner lebten in den letzten 1500 Jahren fast ausschließlich in großräumigen Reichen oder vielsprachigen Balkanstaaten. Albaner waren nicht nur in übergeordnete politische Strukturen eingebunden, sondern regionale Anführer formten unter deren Dach wiederholt kurzlebige Herrschaften. Albaner waren mit den großen Reichen ebenso eng verbunden wie mit ihren nichtalbanischen Nachbarn; und in diesem vielfarbigen Teppich soll die Aufmerksamkeit albanischen Strängen gelten, das Gesamtbild darf dabei aber nicht aus den Augen verloren werden.

Die Entfaltung albanischer Geschichte im byzantinischen Herrschafts- und Kulturraum

Wenn eine Gemeinschaft erstmals in Schriftquellen genannt wird, hat sie schon vorher bestanden. Diese an sich banale Erkenntnis ist an den Beginn einer Darstellung zu setzen, die Albanern anhand von Textdokumenten durch die Geschichte folgen will. Schon die ersten Belege sind symptomatisch für die Stellung der Albaner in Mittelalter und osmanischer Zeit. Denn zum ersten Mal begegnen sie als Krieger in Diensten eines großen Reiches: 1043 als «Albanoí», die nicht auf dem Balkan, sondern in Süditalien gemeinsam mit Griechen fochten; 1078 schlossen sich «Arvanítai», zusammen mit Bulgaren und Griechen, einem Heerführer an. Dass der Erstbeleg die Albaner nicht auf dem Balkan, sondern in Unteritalien zeigt, weist auch darauf hin, dass albanische Geschichte weit über den Balkan hinausreicht: Als Krieger mit hoher Mobilität in ethnisch gemischten Heeren, in enger Nachbarschaft mit Bulgaren und Griechen, so treten die Albaner in die Geschichte ein. Bis zu Beginn des 13. Jh.s bleiben die Schriftbelege jedoch spärlich; Albaner tauchen aus dem Dunkel nur dann auf, wenn Byzanz schwach oder die byzantinische Westgrenze bedroht war, so um 1100, als ein «Hofgraf» (komeskórtes) in die Verteidigung des von Normannen bedrohten Dyrráchion eingebunden wurde und «Arbanón» als Militärgrenzbezirk (zwischen Vlora, Dibra und Petrela) erscheint. Byzanz herrschte an der Küste, im Hochland aber beließ es örtlichen Herren weitgehende Selbstverwaltung. Um 1190 war Progon von Arbanón einer dieser Dienstleute des byzantinischen Kaisers in einem Randgebiet des Reiches. Byzanz hatte um 1200 die mittelalbanische Küste und das Hinterland zu einer Verwaltungseinheit, der Provinz «Dyrráchion und Arbanón», zusammengeschlossen. Als nach 1204 die Reichsherrschaft zusammenbrach, führte Progons Sohn Demétrios als «von Gottes Gnaden *panhypersévastos* und großer Herr (archon)» alte Strukturen weiter. Gegen das expandierende Venedig suchte Demétrios bald die Annäherung an die katholische Kirche. Er schloss um 1210 ein Heiratsbündnis mit dem serbischen Fürsten Stefan Nemanja und erlangte über dessen Gattin, eine Nichte des byzantinischen Kaisers Aléxios III., auch noch Verwandtschaft mit dem gestürzten Kaiserhaus selbst. Das kurzlebige Bergfürstentum stand so in der Tradition der orthodoxen byzantinischen Balkanwelt. Das Bündnis mit Serbien blieb kein Einzelfall in der Geschichte Mittelalbaniens. Bezeichnend war eine kirchlich-kulturelle Orientierung nach Westen, die politischen Zwecken diente, alte Bindungen an die byzantinische Welt aber nicht ersetzte, sondern punktuell ergänzte. Arbanón ging im Fürstentum Epirus auf, sobald sich dessen Macht auf dem südwestlichen Balkan gefestigt hatte.

Die politische Unruhe, welche die lange Zeit des Übergangs von der byzantinischen zur osmanischen Herrschaft kennzeichnet (13.–15. Jh.), ermöglichte es örtlichen Machthabern auch weiterhin, zwischen und unter den größeren Reichen eigene Herrschaften aufzubauen. Byzanz, die Fürsten von Epirus, die Anjou in Neapel, die serbische Krone – sie benötigten die Unterstützung albanischer Großer und deren Krieger. Albanische Notabeln – aus den Familien Gropa, Blinishti, Muzaki oder Skura – trugen oft byzantinische Ehrentitel wie Sevastós, nahmen aber auch gerne abendländische Würden an, wie z. B. den Titel eines Grafen oder eines «Marschalls von Albanien», der ihnen von den Königen von Neapel verliehen wurde. Kulturell stand der regionale Adel unter italienischem, byzantinischem und serbischem Einfluss; er war über Heiraten in die orthodoxe Elite des Balkans eingebunden, unterhielt vielsprachige Kanzleien und war selbst oft mehrsprachig, wie jener junge Adlige aus dem mittelalbanischen Haus der Araniti, der 1469 in Rom die Kurienkardinäle mit seiner Kenntnis des Albanischen, Griechischen, Slawischen (wohl Makedobulgarischen), Italienischen und Lateinischen in Staunen versetzte.

Gegen diese örtlichen Kräfte vermochte sich keines der Reiche dauerhaft durchzusetzen. Versagte die Anziehungskraft eines Reiches – d. h. seine Fähigkeit, durch die Vergabe von Titeln und Geldern die örtlichen Anführer an sich zu binden –, dann drohte rasch auch die Auflösung der politischen Herrschaft. Dieses Schicksal erfuhren die Anjou, die nach 1272 Notabeln in ein abendländisches Lehenssystem einfügen und das «Königreich Albanien» um Dyrráchion zum Ausgangspunkt eines Angriffs auf Byzanz ausbauen wollten. Die Rebellion gegen die Anjou flaute aber ab, als sich die serbischen Nemanjiden in Nordalbanien ausdehnten. Gegenüber der serbischen Krone, ab dem Ende des 14. Jh.s gegenüber den Osmanen und der Republik Venedig betrieben diese Adligen eine ähnliche Schaukelpolitik, wobei sie je nach politischem Interesse auch die Konfession wechselten. Mit anderen Worten: Die albanischen Oberen nahmen eine fremde Oberherrschaft hin, verhinderten aber jeden tief greifenden Machtanspruch von außen; vielmehr nutzten sie den fernen Herrscher zum Schutz ihrer Interessen aus.

Die «große Zeit»

«Moti i madh», die «große Zeit», nannten die christlichen albanischen Flüchtlinge in Unteritalien in der Rückschau den Aufstand, den Georg Kastriota, genannt Skanderbeg, gegen die Osmanen zwischen 1443 und 1468 anführte. Mit diesem Aufstand gelangten die Albaner erstmals in das Bewusstsein des Abendlandes, und für lange Jahrhunderte wusste man dort über die Albaner kaum mehr als jene Heldentaten des Türkenkämpfers, die von seinem Biographen, dem Shkodraner Priester Marinus Barletius, in einem der erfolgreichsten Druckwerke der Renaissance (erstmals in Rom 1508/10 erschienen) gefeiert wurden. In der «großen Zeit» bündeln sich die Stränge mittelalterlicher albanischer Geschichte; an ihrem Ende wurde das christliche Albanien zu Grabe getragen. Die Landschaft Albanien hatten die Osmanen zwischen 1385 und 1430 schrittweise unterworfen; um sie aber wenigstens vorübergehend wirklich zu beherrschen, benötigten sie mehr als ein ganzes Jahrhundert (ca. 1500). Skanderbegs Aufstand war nicht die einzige, aber durch ihre Führergestalt die gefährlichste Erhebung von Balkanchristen gegen die Osmanen. Geboren als Sohn eines orthodoxen Kleinadligen im albanisch-slawisch-vlachischen Berggebiet von Dibra, wurde er als junger Mann von seinem Vater als Geisel an den osmanischen Hof geschickt, trat dort zum Islam über und durchlief eine glänzende Heereslaufbahn. 1443 desertierte er aber aus einer osmanischen Armee und kehrte zum Christentum zurück. Er handelte in engem Bündnis mit Ungarn, ab 1451 als Vasall Neapels, unterstützt als «Athlet Christi» von den Päpsten der Renaissance. Skanderbeg erschien schon den Zeitgenossen als Verkörperung des balkanischen Heldenideals, ein hochbegabter Feldherr, aber auch ein Krieger, der noch als fast 60-Jähriger schwerste Kämpfe an vorderster Front bestand und seine Gefolgsleute persönlich aus schwierigen Lagen rettete. Die Osmanen, denen er fast zwei Jahrzehnte gedient hatte, gaben ihm den Ehrennamen «Alexander» (Iskender) und verglichen ihn so mit Alexander dem Großen, dem in Ost und West gleichermaßen verehrten Heros. Gefährlich war auch, dass Skanderbeg sich nicht einfach an die Spitze einer Schar

Unzufriedener stellte. Der Rebell stand in einer Reihe mit enttäuschten osmanischen Offizieren und der Opposition am Sultanshof, mit dem ungarischen Türkenkämpfer Johann Hunyadi, anatolischen Gegnern der Osmanen, einem päpstlichen Kreuzzug – von innen und von außen sollte im Jahr 1443 das Osmanische Reich erschüttert werden. Skanderbeg führte keinen allgemeinalbanischen Aufstand an, da der Süden Albaniens, dessen Erhebung die Osmanen 1436 unterdrückt hatten, weitgehend ruhig blieb. Ebenso wenig schlossen sich ihm die osmanischen Städte des Südens und die venezianischen Städte des Nordens an. Skanderbeg erhielt Unterstützung von den Verlierern der osmanischen Eroberung, großen Familien, die ihr Land wiedergewinnen, Bergbewohnern, die dem Sultan keine Steuern zahlen und keine osmanischen Richter hinnehmen wollten; in seiner Gefolgschaft fanden sich neben Albanern auch Slawen, Griechen und Vlachen. Die Wege trennten sich, als Skanderbeg, selbst aus einer erst kürzlich aufgestiegenen Familie stammend, den alten Geschlechtern die Kontrolle über Krieger und Land streitig machte. Ein 1444 geschlossenes Adelsbündnis brach beim Anmarsch eines Sultansheeres (1450) auseinander.

Ohne Hilfe von außen hätte Skanderbeg keine 25 Jahre überlebt. Über viele Jahre wurde auch ein albanischer Bruderkrieg ausgefochten, Christen gegen Muslime und deren christliche Helfer. Die Fronten verliefen nicht nur entlang von Religionsgrenzen: Skanderbeg kämpfte gegen christliche Venezianer, gegen christliche Rivalen wie die mittelalbanische Dynastie der Dukagjin und gegen orthodoxe Hilfstruppen der Osmanen. Es war ein typischer Guerillakrieg; die Rebellen verschanzten sich in den Bergen und warteten dort die sommerlichen Offensiven der Osmanen ab; im Herbst stiegen sie in die Ebenen hinab und führten dort Plünderzüge durch. Die Rebellen nahmen aber keine osmanische Burg ein, sondern bekundeten zunehmend Mühe, die Osmanen am Vormarsch in die Berge zu hindern. Verrat bis in die engste Umgebung Skanderbegs hinein schwächte den Aufstand zusätzlich; es mangelte dauernd an Geld und Waffen, die mühsam von der Adria beschafft wurden. Der Aufstand scheiterte, da die albanischen Großen Skanderbeg letztlich im Stich ließen – in der richtigen Erkenntnis, dass alles andere ihnen den Kopf kosten würde. Er scheiterte, da Skanderbegs Guerilla und die italienischen Armeekorps unfähig waren, gemeinsam gegen das osmanische Heer vorzugehen – zu verschieden war die Kampfart. Er scheiterte, da die osmanischen Heere von albanischen Muslimen angeführt wurden, die ihren Gegner und auch das umkämpfte Gelände kannten; v. a. aber scheiterte er, weil der Führer der stärksten Heeresmacht, Sultan Mehmed II., persönlich entschlossen war, seinen Gegner zu vernichten, auch wenn er dessen Herrschaftsgebiet völlig zerstören musste. Bei Skanderbegs Tod war das Bergland der Rebellen zwischen Kruja und dem Tal des Schwarzen Drin ein rauchender Trümmerhaufen, ausgemordet und ausgeplündert, mit Bevölkerungsverlusten zwischen zwei Dritteln und drei Vierteln der Einwohner. In Skanderbegs Kerngebiet sank die Zahl der Dörfer von 178 (1431) auf 90 (1467), jene der Haushaltungen von 2029 auf 407.

Dass trotz all der Rückschläge Skanderbeg immer wieder Gefolgschaft fand, lag an seinem starken Charisma und der Bewunderung, welche die Bergbewohner ihrem Kriegerfürsten entgegenbrachten. Skanderbeg hatte seine erfolgreiche Laufbahn im osmanischen Heer aufgegeben, um die Ermordung seines Vaters zu rächen; dies mag auch die alte Gefolgschaft der Familie Kastriota zum Aufstand veranlasst haben. Die tiefen Ursachen der Erhebung aber lagen in einem Grundzug der albanischen Geschichte, dem Unwillen der Hochlandbewohner, ihre Freiheit an die Herren der Ebene abzugeben. Mehmed II. hatte nur gesiegt, weil er bereit war, arme Berggebiete unter höchsten Kosten zu unterwerfen – bis zu Beginn des 20. Jh.s unternahm das Osmanische Reich keinen zweiten großen Versuch mehr, diese Berggebiete flächendeckend mit Militär zum Gehorsam zu zwingen. Skanderbeg hatte bei seinem Tod den Krieg verloren, die Osmanen aber hatten nur einen Pyrrhussieg errungen: Das christliche Albanien war zerstört, das widerständige Bergland aber erholte sich langfristig von der Katastrophe. Und bald standen die Osmanen dort, wo ihr Vorgängerreich, Byzanz, die Bemühung, die albanischen Berge zu beherrschen, aufgegeben hatte.

Die Herrschaft der Sultane

Um 1500 war die osmanische Eroberung des albanischen Raumes abgeschlossen. Die in einigen Regionen besonders Mittel- und Nordalbaniens schweren Bevölkerungsverluste waren erst gegen Ende des 16. Jh.s ausgeglichen. Über mehr als ein Jahrhundert verliefen die Einrichtung der osmanischen Verwaltung und Rebellionen dagegen parallel. Dabei zeigte sich ein Grundzug osmanischer Macht im südwestlichen Balkan schon früh: die ganz unterschiedliche Herrschaftsdichte in den Ebenen und im Hochland. Die Osmanen stützten ihre Kontrolle auf die Städte und die Ebenen und behandelten diese nicht anders als ihre übrigen balkanischen und anatolischen Provinzen. In der Eroberungszeit waren sie darauf bedacht, die rasch gewonnenen Gebiete zu sichern, indem sie den Unterworfenen entgegenkamen, ihnen viele alte Rechtsbräuche und ihren Glauben beließen. Mit der Festigung der osmanischen Herrschaft im 16. Jh. versuchten die Sultane, etliche dieser Privilegien rückgängig zu machen und den Griff auf abgelegene Gebiete zu stärken. Verwaltungsmäßig fassten die Osmanen ihre süd- und mittelalbanischen Eroberungen 1430 in einer Großprovinz, dem Sancak-i Arvanid, zusammen. Sie benannten einzelne Bezirke nach den letzten christlichen Herren, gleichgültig, ob sich diese unterworfen hatten oder unterworfen worden waren. Das Land der Kastriota hieß so Yuvan-ili (Land des Jovan Kastriota), das Land der Tocco in Epirus Karli-ili (nach Carlo Tocco), andere Bezirke trugen den Namen weniger bekannter Männer wie Pavlo Kurtik oder Bogdan Ripe. Bis heute haben sich so auf dem Balkan die Namen einstiger christlicher Fürsten erhalten, die Herzegowina oder das nordmittelalbanische Bergland der Dukagjin.

Mit der Festigung der Herrschaft wurde die Provinzverwaltung verfeinert. Zu Beginn des 16. Jh.s lebten Albaner – als Mehrheit oder nennenswerte Gruppe – in den Sancaks (Provinzen) Shkodra, Dukagjin, Elbasan, Vlora, Delvina, Ioánnina, Monastir, Skopje, Prizren und Vučitrn, die Teil des Eyalet Rumeli («Römerland», ehemaliges byzantinisches Gebiet) waren. Diese Verwaltungseinteilung war bis in das 20. Jh. vielfachen Veränderungen unterworfen. Das eroberte Gebiet unterlag dem osmanischen Bodenrecht, das an sich dem Sultan die alleinige Verfügungsgewalt über das Land vorbehielt. Der Sultan teilte dieses in sog. Hasgüter ein, die der sultanischen Kasse Abgaben entrichteten oder osmanischen Großen als Pfründen (zeamet) zugewiesen wurden. An den Sultan gingen auch die Einnahmen aus den Zöllen von Vlora, Durrës, Lezha und Shkodra oder der Bergwerke bei Vlora und im Kosovo, weiters auch Abgaben auf Salz oder Kleinvieh. Teile der Steuereinnahmen wurden Angehörigen der Reiterei (sipahi) überlassen, die jedoch keinen Zugriff auf die Menschen und das Land erhielten (sog. Timarsystem). Als wichtige Grundbesitzer bildeten sich seit dem 15. Jh. muslimische religiöse Stiftungen (vakıf) heraus, mit deren Mitteln der Unterhalt von Moscheen und religiösen Schulen bestritten wurde; auf dem ganzen Balkan verewigten sich muslimische Große durch derartige Einrichtungen. Faktisch bestand an der osmanischen Westperipherie auch Privatbesitz (tr. baştına) weiter, der zumeist in der Hand privilegierter Hilfssoldaten wie der Voynuk, aber auch, besonders im Kosovo und um Korça, steuerpflichtiger Bauern (sog. haraçlı baştına) lag. Die Bauern entrichteten an Abgaben pro Herdstelle die sog. Ispence (in Geld), dazu den Zehent (öşür) auf Getreide und Früchte, Gebühren für Weiden, Holzschlag, Heiraten und Schweinezucht.

Die Osmanen unterteilten ihre Untertanen in Angehörige des Heerwesens (askeri) – zu denen auch die muslimischen Geistlichen (Ulema) gehörten – und Steuerzahler (reaya), wobei beide Kategorien Christen wie Muslime umfassten. Christen dienten als Hilfssoldaten im osmanischen Heer, umgekehrt galten auch muslimische Bauern als Reaya. Als islamischer Staat bevorzugte das Osmanische Reich Muslime, die die Kerngruppe der neuen Herrschaft stellten, während Christen rechtlich und gesellschaftlich diskriminiert wurden. Sie zahlten eine besondere Kopfsteuer (cizye) und höhere Abgaben (ispence) als muslimische Bauern. Vor Gericht wurden sie in Rechtsstreitigkeiten mit Muslimen in der Regel benachteiligt. Nach islamischem Recht verwalteten sich die Religionsgemeinschaften selbst. Diese Selbstverwaltung erreichte ihre Grenzen stets dort, wo Interessen von Muslimen berührt waren. Im Osmanischen Reich bestanden so mehrere Rechtssysteme nebeneinander. In erster Linie, v. a. bei Erbschaften, kam das islamische religiöse Recht (şeriat) zur Anwendung, dem das sultanische Reichsrecht (kanun) im Prinzip untergeordnet war. Besonders in abgelegenen Randgebieten und v. a. auch im Bodenrecht erkannte das Osmanische Reich auch bestehendes mündliches Gewohnheitsrecht (örf) an. Die orthodoxe und katholische Bevölkerung unterstand alten byzantinischen bzw. kirchenrechtlichen Gesetzeswerken. Die Bewohner des osmanischen Balkans waren dergestalt in mehrere nebeneinander lebende Rechtsgemeinschaften getrennt. Ganz starr waren die Grenzen nicht, da Christen bisweilen auch gegen Christen den osmanischen Kadi anriefen, wenn sie sich im Vergleich zu einem kirchlichen Gericht Vorteile erhofften; Fälle mit religiös gemischten Prozessparteien wurden vor einem muslimischen Richter ausgetragen. Das Nebeneinander von schriftlichem Recht und Gewohnheitsrecht rief Spannungen hervor; und die Durchsetzung des Rechts der Sultane in den Bergen hing von der Durchsetzungskraft des Reichs im Hochland ab.

Das osmanische Herrschaftssystem war den Interessen des Militärapparats untergeordnet. Die Rekrutierung und Entlohnung von Kriegern, die Sicherung der Versorgung und der Marschwege bildeten den Kern des Gesellschafts- und Verwaltungsaufbaus. Die unterworfenen Gesellschaften des südwestlichen Balkans wurden, sofern sie nicht nach erfolglosem Widerstand geflohen oder ausgelöscht worden waren, in dieses System in vielfältiger Weise eingebunden. Weite Teile unseres Betrachtungsraumes wurden von der sog. Knabenlese (tr. devşirme) erfasst, d. h. der Rekrutierung besonders begabter v. a. christlicher Burschen, die fern ihrer Heimat durch scharfen Drill zu Elitesoldaten ausgebildet wurden. Als Korps der Janitscharen stellten diese islamisierten Krieger die Eliteeinheit des Reiches. Neben diese Fußsoldaten traten die erwähnten Sipahi. Diese setzten sich aus einer Minderheit zugewanderter türkischer Muslime und einer Mehrheit islamisierter, aber auch christlicher Einheimischer zusammen. In der Frühphase der Eroberung (v. a. bis in die Mitte des 15. Jh.s) legten die Osmanen mehr Wert auf Treue als auf den Glauben. In Süd- und Mittelalbanien stellten 1431 orthodoxe Christen rund 16 % der osmanischen Reiterei, im Kosovo waren es 1455 15 % – wobei Christen geringere Pfründen erhielten als Muslime. Zu Beginn des 16. Jh.s waren daher die meisten der 2070 Timarbezieher in den Sancaks Shkodra, Elbasan, Vlora, Prizren und Vučitrn zum Islam übergetreten; in Südalbanien bestanden christliche Sipahi in Resten bis in das frühe 17. Jh.

Weitere Bevölkerungsteile wurden durch Steuererleichterungen bzw. -erlass für das Reich gewonnen. Im Gegenzug hatten sie Heerdienst zu leisten: so als Hilfssoldaten (voynuk), als Hilfspolizisten (martolos), als Passwächter (derbenci) – für diese Ämter wurden oft ehemalige Räuber herangezogen –, als Brückenwächter oder auch als Falkner. Begünstigt waren aber auch Bauern, die heereswichtige Güter herstellten wie Reisbauern oder Salinen- und Bergarbeiter. Angehörigen regionaler Adelsfamilien, die zum Islam übertraten, standen Laufbahnen bis in höchste Heeres- und Verwaltungsstellen offen. Im 15. Jh. wurde der Balkan ganz wesentlich von Mitgliedern südosteuropäischer Gesellschaften erobert, die sich den siegreichen Osmanen angeschlossen hatten. Dies gilt auch für den albanischen Raum, wo Vertreter der Familien Muzaki, Zenebish, Araniti, Kastriota und Dukagjin zu den Osmanen übergingen und den Widerstand ihrer christlichen Verwandten und Landsleute mit niederwarfen. Schon im 16. Jh. aber waren die meisten dieser Familien in der neuen islamisierten Balkanelite aufgegangen und verloren ihre politische Bedeutung.

Die osmanische Durchherrschung folgte von ca. 1400 bis 1912 keinesfalls einer linearen Entwicklung, weder im Sinne einer stetigen Verstärkung der Zentralmacht noch eines dauerhaften Niederganges des Reiches seit dem 17. Jh. Vielmehr ist von Konjunkturen auszugehen, in denen bald die Reichszentrale, bald regionale Dynastien die Oberhand hatten, die zueinander in einem vielfältigen Abhängigkeits- und Legitimierungsverhältnis standen. Besonders aber ist von einer unterschiedlichen Herrschaftsdichte in den Ebenen und Städten auf der einen, dem Hochland auf der anderen Seite auszugehen. Unser Betrachtungsraum fügt sich auch hier in gesamtosmanische Strukturen ein, da auch in Bosnien und Bulgarien regionale muslimische Kriegsherren zeitweise (v. a. im letzten Viertel des 18. Jh.s und zu Beginn des 19. Jh.s) nach der Macht griffen und da die Osmanen auch in anderen Berggebieten – von Kurdistan bis nach Mittelgriechenland (Rumelien), Montenegro und die Herzegowina – ihren Herrschaftsanspruch nicht einheitlich und dauerhaft durchzusetzen vermochten. Reichsrecht und osmanische Steuerhoheit mussten von Istanbul aus immer aufs Neue mit Waffengewalt erzwungen werden. Einen tiefen Einschnitt im Verhältnis von Reichszentrale und der südwestbalkanischen Peripherie schufen die seit Beginn des 19. Jh.s einsetzenden Reformen des osmanischen Staates, die in der sog. Tanzimatzeit (1839–1876) ihren Höhepunkt erreichten.

Treue Diener ihrer Herren? Muslimische Albaner im Osmanenreich

Die traditionelle albanische Geschichtsforschung beschreibt die Osmanenzeit als Epoche dauernden Widerstands der Albaner gegen einen fremden Besatzer. Dieses Bild wird heute auch in den albanischen Gesellschaften infrage gestellt. Die internationale Forschung und einzelne albanische Gelehrte haben seit jeher ein anderes Bild vertreten: In den Siebzigerjahren stellte der kosovoalbanische Orientalist Hasan Kaleshi die These auf, die osmanische Eroberung hätte die Albaner vor einer drohenden Gräzisierung bzw. Slawisierung gerettet, die Albaner hätten sich als Ethnie erst unter den Osmanen voll entfaltet und ihre Eigenheit bewahrt. Tatsächlich traten Albaner wie schon unter Byzanz – und wie die altbalkanische Bevölkerung im Römischen Imperium – in die Dienste des neuen Reiches. Dies mag im Vergleich zu anderen Balkanvölkern beinahe paradox anmuten, da niemand den Osmanen längeren und heftigeren Widerstand entgegengesetzt hatte als die albanische Hochlandbevölkerung. Freilich war im Ergebnis nirgends der Bruch mit dem Mittelalter so stark wie in ebendiesen Kampfgebieten. Aus der christlichen Arbëria entstand die osmanische, zunehmend islamisierte Shqipëria.

Doch wer waren die neuen Herren? Da im südwestlichen Balkan im Gegensatz etwa zum südlichen Makedonien, Thessalien oder

Bulgarien nur wenige muslimische Türken als Kolonisten ins Land kamen, ging die Macht an jene Einheimischen über, die einen Ausgleich mit dem Sultan suchten. Die «Osmanen» im südwestlichen Balkan waren in der Regel islamisierte Angehörige regionaler Gesellschaften, v. a. Albaner, aber auch Slawen, Aromunen und Griechen. Islamisierte Albaner stellten zusammen mit islamisierten Bosniern das Rückgrat der osmanischen Herrschaft auf dem Balkan, erlangten aber auch reichsweit eine herausgehobene Stellung. Die balkan-orthodoxe Aristokratie des Mittelalters wurde von einer islamisierten balkan-osmanischen Elite abgelöst, die nicht nur Reichsdienst und Glauben, sondern auch den Lebensstil gemeinsam hatte und den Balkan mit ihren Bauten und religiösen Stiftungen prägte.

Aus der Vielzahl dieser ganz in das neue Reich eingebundenen Männer seien wenigstens einige mit Namen genannt: 1485 bezog in der Nahiye (Bezirk) Altun-ili im Dreieck Tropoja-Junik-Gjakova (heutiges Grenzgebiet zwischen Albanien und Kosovo) Mirza bey, Sohn des Jurma, Einkünfte aus 28 Dörfern mit 320 Häusern und 139 arbeitsfähigen Männern. Der wohl aus Varna stammende Kukli bey (er starb 1555) hatte sich im benachbarten Prizren niedergelassen und schuf aus der Kriegsbeute, die er wohl in Ungarn und Kroatien gemacht hatte, ein Stiftungsimperium, das von Skopje über Tetovo, Prizren nach Lezha und Shkodra reichte und Moscheen, eine Brücke bei Tetovo sowie zahlreiche Karawansereien entlang der beschwerlichen Route vom heutigen Westkosovo an die adriatische Küste umfasste. Aus Luma im heutigen albanisch-kosovarischen Grenzgebiet stammte einer der größten osmanischen Feldherrn, Koca Sinan Pascha. Er hatte für den Sultan den Jemen erobert und 1580 die osmanischen Heere in Georgien befehligt; mit der Kriegsbeute baute er in Kairo eine Moschee. Nahe seiner alten Heimat schmückte er das strategisch wichtige Passdorf Kaçanik (zwischen dem Amselfeld und Skopje) mit einer Moschee, einer Armenküche, einer Schule, zwei Hanen (Herbergen) für Reisende und einem Bad. Zu deren Unterhalt richtete er eine religiöse Stiftung ein, die u. a. Weiden im Šargebirge mit 12 000 Schafen besaß. Der halbe Ort stand im Dienst des Paschas und dann seines Sohnes,

Verwalter, Buchhalter, Lehrer, Imame, Muezzine, Boten und Bäcker. Kukli bey und Koca Sinan Pascha vertreten jene gesamtosmanische Reichselite, die im 16. Jh. dem Sultan diente, dabei auch Wert auf Repräsentation legte, doch keine eigenen Regionalherrschaften aufbaute. Größten Ruhm erlangten schließlich die albanischstämmigen Wesire aus der Dynastie der Köprülü, die um die Mitte des 17. Jh.s das Osmanische Reich stabilisierten und Eroberungskriege gegen Habsburger, Polen und Venezianer führten.

Muslimische Albaner waren zu Lande, aber auch zu Wasser, an allen Fronten der Osmanen v. a. gegen christliche Staaten zu finden. Der Große Türkenkrieg (1683–1699), der letzte Großangriff der Osmanen auf Europa, mag als Beispiel dienen: 1683 bestand die Leibgarde Kara Mustafas vor Wien aus muslimischen Albanern; 1686 verloren rund 2000 muslimische Albaner bei der habsburgischen Eroberung Ofens ihr Leben; Albaner verteidigten 1688 Bosnien; bei Slankamen zahlten sie 1691 einen hohen Blutzoll; in der letzten Schlacht des Krieges mit Prinz Eugens Sieg bei Zenta (11. 9. 1697) ging mehr als die Hälfte der rund 10 000 albanischen Soldaten des Sultans unter; es fielen von den albanischen Großen der Generalstatthalter (Beylerbey) von Rumelien, Cafer Pascha, der Sancakbey von Vlora Kaplan Pascha, der Sancakbey von Ochrid Bektaş Pascha. Nicht nur bei Feldzügen gegen katholische Mächte, sondern auch bei der Sicherung der osmanischen Macht auf dem Balkan waren muslimische Albaner ein Ordnungsfaktor ersten Ranges: Die «Arnauten» waren bei christlichen Aufständischen gefürchtet, so bei den orthodoxen Griechen und Arvaniten, die sich 1770 gegen die Osmanen erhoben, woraufhin sich ein albanisch-muslimischer Heerbann nach Süden wälzte und muslimische Albaner jahrelang die Peloponnes ausplünderten. Sie kämpften gegen die serbischen Aufständischen von 1804 ebenso wie gegen den großen Griechischen Aufstand von 1821.

Machtmenschen im osmanischen Arnavud-ili

Als wesentliche gesellschaftliche Kontinuität zur vorosmanischen Zeit stechen im südwestlichen Balkan örtliche Notabeln und Machthaber ins Auge, die in den Ebenen beidseits der Berge das Reich vertraten und eigene Machtstrukturen aufbauten. Nichtalbanische muslimische Große vermochten sich nicht dauerhaft zu halten; wie Bosnien bewahrten die von albanischen Muslimen bewohnten Gebiete einen starken Eigencharakter, und selbst Orte mit starkem türkischen Einfluss (Prizren, Skopje) wurden nicht so turkisiert wie Städte und Landschaften in Bulgarien und Thrakien. Solange das Reich stark war, dienten diese örtlichen Notabeln treu in Heer und Verwaltung. Die politischen und finanziellen Krisen um 1600 und militärische Niederlagen v. a. gegen die Habsburger (nach 1683) erschütterten die alte Ordnung von Steuerwesen und Verwaltung. Die Steuerlast stieg auch durch Sonderabgaben stark an. Zunehmend wälzte der Staat Verantwortung in Rechtsprechung, Truppenstellung und Fiskus auf örtliche Notabeln (ayan) ab. Während das Timarsystem verfiel, wurden Steuern verpachtet, und da die Pächter Gewinne erzielen wollten, verschärfte dies die Lage der Steuerzahler. In dieser Gemengelage wandelten sich die Ayane zu Machthabern in Städten und einzelnen Landschaften, die staatliche Hoheitsgewalt ausübten und immer mehr wirtschaftliche Macht an sich zogen; diese beruhte auf der Steuerpacht und Großgrundbesitz. Das Reich erkannte die neue Lage mit der Schaffung einer neuen Institution, des Ayanlık, an. Besonders seit dem 17. und 18. Jh. bildeten sich auf dem Balkan neue muslimische Regionaldynastien heraus, in «Albanien» die Bushatlliu in Shkodra, die Vërlaci um Elbasan, die Vlora und Vrioni im Süden, die Begollaj in Peja, die Rotull in Prizren, die anders als Koca Sinan Pascha, Kukli bey und die Notabeln des 16. Jh.s in einem distanzierteren Verhältnis zu Istanbul standen. Den Habitus der Ayane beschrieb der katholische Geistliche Frang Bardhi treffend am Beispiel Mehmet Beys von Shkodra: «*Er ist eine extrem einflussreiche Person aus altem und sehr mächtigem Hause in Albanien. Er ist sehr reich. Über 200 Männer, alles Muslime, leben dauernd in seinem Haus, alle stehen in seinen Diensten. Er ist Wohltäter und Übeltäter der Christen zugleich ... der Bischof und die Ältesten der Zadrima müssen ihm Geschenke bringen, Kuchen, Hähnchen, Lämmer, Ziegen, Speisen.»* Wer zahlreiche «Gewehre» (Bewaffnete) verpflegte, der galt als Herr eines «Großen Tors» (alb. dera e madhe), womit ein mächtiges Geschlecht gemeint war.

Nach der schweren Niederlage gegen Russland (1774) entglitt der Reichszentrale die Herrschaft über weite Teile des Balkans; im bulgarischen Raum marodierten muslimische Banden, an der unteren Donau und in Bosnien machten sich Ayane weitgehend selbstständig. Ähnliches geschah bei Gegen und Tosken im südwestlichen Balkan: In Kalkandelen (Tetovo) riss in einem Klima der Unsicherheit Rexhep Pala aus den Bergen Lumas die Macht an sich, der von seiner Burg auf dem Berg Bal-tepe mit einer Gefolgschaft von 1000 Mann, aus Luma, Prizren, Unterdibra und Mat, für rund 50 Jahre Kalkandelen beherrschte. Seine Söhne Abdurahman, Hivzi, Hasan, Veladin und Xheladin folgten ihm nach, und nur weil sie sich zerstritten, gewann der Zentralstaat 1841 die Macht zurück.

Zwei albanische Ayane erlangten europaweite Bekanntheit: Ali Pascha von Tepelena (ca. 1744–1822) und Mehmet aus der Dynastie der Bushatlliu näherten sich dem Vorbild Skanderbegs an – die Bushatlliu beriefen sich gar auf ihn. Beide kamen durch rücksichtslose Gewalt an die Macht: Mehmet Bushatlliu hatte Mehmet aus der Rivalitäten von Ayanfamilien in Shkodra ausgenutzt und diese ausgeschaltet; Ali Pascha, aus einer Familie südalbanischer Räuber stammend, verkaufte Hirten und Kaufleuten Schutz, wurde 1785 Statthalter von Tríkala in Thessalien und bemächtigte sich 1788 Ioánninas in Epirus. Gestützt auf reiche Handelsstädte und eine gut bezahlte Kriegerschaft, bekämpften beide im Ringen um Land und einträgliche Steuerpachten muslimische Regionaldynastien (Kurd Ahmet Pascha von Berat, die Toptani von Kruja), Ali auch albanisch-orthodoxe Dorfgemeinschaften (Suli, Himara). Ali Pascha war mit rund 1,1 Mio. Stück Kleinvieh sowie rund 900 Landgütern, die er zumeist erpresst und geraubt hatte, der wohl reichste Grund- und Viehbesitzer auf dem Balkan. Beide banden Christen in ihr Machtsystem ein, die Bushatlliu die katholischen Mirditen, während Ali Pascha zahlreiche gebildete Orthodoxe, v. a. Griechen, an seinen Hof zog und sich in einem griechischen Epos, der «Alipasiáda», feiern ließ. Beide errichteten Regionalreiche, die Bushatlliu im Gegenland, Ali von der Toskëria über Epirus und Thessalien bis in die Peloponnes.

Dem Sultan dienten sie, wenn dies ihren eigenen Zielen nützte: Die Ernennung Ahmet Bushatllius zum Statthalter von Ochrid (1785) dehnte die Macht der Familie nach Osten aus, der Familienführer Mahmut wurde Gouverneur von Novi Pazar und 1790 gar Wesir und Statthalter von Anatolien. Diese Würden banden die Bushatlliu aber nicht, denn sie führten ihren eigenen Feldzug gegen die orthodoxen Montenegriner, bei dem Mahmut 1796 fiel. Die Sultane versuchten, die ungehorsamen Shkodraner Ayane erfolglos durch Strafexpeditionen zu bändigen, in ihrer Verzweiflung schickten sie gar andere albanische Große, Ali Pascha und die Toptani, gegen sie. Besonders gefährlich für die Hohe Pforte waren die Außenbeziehungen der Ayane: Mahmut Bushatlliu verhandelte mit Katharina II. von Russland über eine russische Schutzherrschaft bei Gewährung von Religionsfreiheit für Muslime und prahlte: «*Wenn ich mit Russland vereinigt bin, mag uns die ganze Welt angreifen.*» Auch mit Kaiser Joseph II. plante er ein Zusammengehen, ließ dann aber die kaiserlichen Diplomaten ermorden und zog für den Sultan 1789 gegen Österreich. Beide nützten die Revolutionskriege aus: Die Shkodraner erhielten 1796 eine französische Militärmission, während Ali auch die europäische Öffentlichkeit erreichte (durch Lord Byron, François Pouqueville, William Leake). Beide strebten eine autonome Herrschaft an, jedoch keine Sezession wie ihre christlichen serbischen (1804) und v. a. griechischen Nachbarn (1821). Ali Pascha förderte die griechische Erhebung zur Ablenkung der Osmanen, die ihn 1822 militärisch eliminierten. Die Bushatlliu suchten rund zehn Jahre später Anlehnung an das junge Serbien, doch in beiden Fällen versagten diese regionalen Bündnisversuche zwischen Muslimen und Orthodoxen. 1831 wurde der letzte Bushatlliu deportiert, der 1860 in Medina starb.

Während die Bushatlliu vergessen wurden, ist Alis Andenken wach und umstritten; in Europa und bei Teilen der orthodoxen

Christen galt er als Typus des orientalischen Gewaltherrschers; andererseits hinterließ er ein gut ausgebautes Straßen- und Brückennetz. Der Mythos schreibt ihm zu, er habe Bektashiderwische besonders gefördert, die später die albanische Nationalbewegung wesentlich prägten; und auch unter dem Diktator Enver Hoxha wurde Ali Pascha verehrt.

Die Osmanen und die Berge

Hatten in den Ebenen regionale Dynastien, Ayane und Agas, das Sagen, die dem Zugriff des Zentralstaates letztlich nicht entkamen, sondern ihn im Grunde bei aller zeitweiligen Reichsferne doch trugen, so ging die Bergwelt einen eigenen Weg: Großgrundbesitz fehlte hier, d. h., es wurde keine flächendeckende Adelsherrschaft errichtet, auch wenn einige wenige Geschlechter die Macht über Stammesbünde an sich zogen. Das Reich hatte vielmehr Mühe, seinen Machtanspruch geltend zu machen. Nord- und Mittelalbanien unterschieden sich herrschaftsstrukturell nur wenig von der Peripherie des Reiches in Kurdistan, Libanon oder Jemen. Bei den Osmanen erweckte diese Widerständigkeit Zorn und Unverständnis. In den Chroniken des 15. Jh.s werden die Schrecken der Bergwelt übertrieben geschildert, um osmanische Niederlagen nicht den Bergkriegern zuzugestehen: Kein Rabe hüpfe dort, sogar die Hühner bräuchten Hufeisen, und der Teufel komme selbst mit dem Stock nicht mehr voran. «*Die Albaner von Këlmendi, Montenegro und den Bergen von Kurvelesh und Progonat wurden Ungläubige und Menschen ohne Buch. Tag und Nacht kämpfen sie mit muslimischen Albanern, die ihre Landsleute sind, und sie nehmen sich gegenseitig gefangen*», schreibt der osmanische Reisende Evliya Çelebi in den 1660er-Jahren. Ebene gegen Berg – diesen Gegensatz vermochten die Osmanen in einem halben Jahrtausend nicht aufzulösen.

Obwohl die Berggebiete des Nordens und des Kurvelesh im Süden wohl nur rund 3 % der Bevölkerung unseres Betrachtungsraumes stellten, zogen sie wegen ihrer Widerständigkeit gegen die Herren der Ebenen seit jeher deren besondere Aufmerksamkeit auf sich. Da auch auswärtige Mächte die Bergkrieger umwarben, erscheinen sie über Jahrhunderte in den Quellen besonders prominent. Die Osmanen wussten, dass die armen Berggebiete Steuern und Richter aus den Ebenen ablehnten und stets bereit waren, dagegen zu den Waffen zu greifen; die Nachbarschaft zu den katholischen Adriamächten, die den Bergkriegern Waffen und Geld schicken konnten, schwächte die osmanische Stellung zusätzlich. «*Wir wollen keine Scharia, wir haben unser Recht der Berge*», dieser Ruf scholl den Osmanen um 1550 entgegen. Wie unter Skanderbeg schufen die Hochlandbewohner wiederholt eigene Machtgebiete, die sich nach vorosmanischem Brauch selbst verwalteten. Die Osmanen hatten seit dem späten 15. Jh. ihre Macht schrittweise vorgeschoben: Solange Venedig noch gefährlich erschien, zahlten die nordalbanischen Bergler nur eine Pauschalsteuer (als sog. Filorici); nach 1479 wurden sie als Passwächter in das Militärsystem aufgenommen, rund 100 Jahre später das Timarwesen auf Teile der Berge ausgedehnt. Wiederholte schwere Revolten, deren Führer sich auf Skanderbeg beriefen und sich an Spanien, Venedig und das Reich wandten, die mehrfach bis zu 25 000 Mann starken Heeren albanischer und bosnischer Muslime widerstanden und 1649 sogar Shkodra angriffen, zwangen die Osmanen, auf eine volle Herrschaft in den Bergen zu verzichten. Je nach Widerständigkeit erfuhren die Berge eine unterschiedliche Behandlung. Eingeteilt in Bayraks (Banner, d. h. Mobilisierungsräume), stellten sie dem Sultan Krieger und zahlten Abgaben (die 22 Bayraks des Großen Berglands) oder dienten nur gegen Sold (die fünf Banner der Mirdita). Zufrieden mit ihrer Bergfreiheit, fochten katholische Albaner für den Sultan auch gegen orthodoxe Arvaniten und Griechen (1821) sowie Russen (im Krimkrieg 1853–1856). Im Kosovo dienten katholische Zuwanderer aus Nordalbanien (sog. Fandesen) in einer überwiegend muslimischen Umgebung als besonders treue Hilfspolizisten der Hohen Pforte.

Ein sich modernisierender Staat und die Grenzen seiner Macht

Um 1830 stand die osmanische Regierung, die eine umfassende Reichsreform anstrebte, vor der Wahl, diesen regionalen Eigensinn hinzunehmen oder ihn zu brechen. Welche Mentalität sie dabei zu bekämpfen hatte, beschrieb der österreichische Konsul von Hahn am Beispiel der Stadt Gjirokastra/gr. Argyrókastro:

«*Diese Stadt war in früheren Zeiten eine Art aristokratischer Republik, deren Gewalthaber dem Pascha von Délwino ... nur so weit gehorchten, als es die Umstände mit sich brachten. Stützte sich das Ansehen des jeweiligen Paschas auf eine tüchtige Hausmacht und einen energischen Charakter, so beugten sich auch die Herren von Argyrokastron seinem Willen; war dies jedoch nicht der Fall, so kümmerte man sich dort nicht weiter um den großherrlichen Gouverneur und lebte so zu sagen auf eigene Faust. Das Ansehen des Gouverneurs ging jedoch niemals so weit, um Privatfehden zu unterdrücken, welche die Herren von Argyrokastron entweder aus freiem Antriebe unter sich anzettelten, oder vermöge der Erblichkeit der Blutrache von ihren Vätern überkommen hatten.*»

Nicht nur die zentrifugalen Kräfte in den Provinzen, sondern v. a. die Niederlagen gegen christliche Mächte hatten in der osmanischen Elite die Einsicht wachsen lassen, dass nur durch eine Übernahme europäischer Verwaltungsmethoden und Militärorganisation das Reich dauerhaft zu bewahren sei. Die einheitliche Unterwerfung aller Untertanen unter die staatliche Steuer- und Militärhoheit, die Durchsetzung des staatlichen Rechts und des staatlichen Gewaltmonopols, die Schaffung einer zentralisierten Verwaltung, kurz die Beseitigung rechtsfreier Räume und rechtlicher Grauzonen, standen im Mittelpunkt der Reformen. Nach Rückschlägen zu Beginn des 19. Jh.s gewann die Regierung schrittweise die Macht zurück, zum einen durch die Beseitigung der Ayane, zum anderen durch die Vernichtung der mit den muslimischen Handwerkern und Händlern verbundenen Janitscharen (1826). Bei den Muslimen des westlichen Balkans, von Bosnien bis hinab zu den Albanern, schlug den ebenfalls muslimischen Reformern von

Beginn an Misstrauen entgegen; die Bushatlliu ließen 1831 die Reformen für şeriatwidrig erklären, also unvereinbar mit dem religiösen Recht, und mobilisierten muslimische Notabeln von Shkodra bis zum südserbischen Leskovac und nach Bosnien zu einem kurzlebigen, aber für die Hohe Pforte gefährlichen muslimischen Ayanbund auf dem westlichen Balkan. Toskische Notabeln wurden von osmanischen Truppen bei einem Hinterhalt in Monastir niedergemetzelt (1830), der Machthaber von Prizren, Rotullu Mahmud Pascha, nach einem Straffeldzug hingerichtet (1836). Andere Notabeln wagten keinen offenen Widerstand, sondern destabilisierten die öffentliche Ordnung durch gedungene Banden, so der Räuberführer Tafil Buzi, der im Herbst 1834 in Berat marodierte und die osmanische Besatzung zum Abzug aufforderte.

Trotz militärischer Erfolge wagte es die osmanische Regierung erst nach Jahren, das 1839 erlassene Reformedikt von Gülhane in Kosovo (1843), Shkodra (1844) und Südalbanien (1845) zu verkünden. Der Grund waren schwere Rebellionen, die sich gegen die Rekrutenaushebung, die Steuereinziehung und die neue zentralisierte Verwaltung richteten, aber auch – so 1844 – die Einrichtung eines autonomen albanischen Gebiets im Reich verlangten. 1841 erhoben sich muslimische Freischärler von Prizren über Peja, Gjakova bis nach Novo Brdo, 1844 beunruhigten rund 10 000 albanisch-muslimische Rebellen weite Teile des Kosovo und Vardar-Makedoniens und wurden nur von großen osmanischen Truppenverbänden niedergeworfen. 1847 folgte das südalbanische Hochland von Kurvelesh unter Zenel Gjoleka, dann Berat unter Rrapo Hekali; vorübergehend entglitten weite Teile Süd- und Mittelalbaniens osmanischer Kontrolle. Einen bewusst nationalen Charakter hatten diese meist lokal organisierten und wenig koordinierten Rebellionen noch nicht. Sie brachten aber in den einzelnen Landschaften deutlich ein regionales Sonderbewusstsein gegenüber der Zentrale zum Ausdruck: die Forderung nach «Freiheit und Gerechtigkeit», also nach alten Vorrechten. Dazu gehörten das Gewohnheitsrecht und das Recht auf Waffen – da dieses als Zeichen der Männlichkeit galt und eine Entwaffnung die schwerste Demütigung für einen Mann darstellte, stieß das osmanische Gewaltmonopol auf kaum überwindbare Hindernisse. Die Rebellen hatten auch ihre Privilegien als Söldner in der neuen Armee verloren. Muslime schließlich waren nicht bereit, die 1856 unter europäischem Druck verordnete Gleichbehandlung von Christen und Muslimen hinzunehmen.

Die osmanischen Reformen wurden am ehesten im Süden umgesetzt. Auf dem ganzen Balkan verstörten sie die meisten Muslime, gewannen aber auch die Christen nicht, die ihre politische Zukunft zumeist in den christlichen Balkanstaaten sahen. Die Reformer hingegen verstanden ihr Werk als Zivilisationsmission, v. a. in den Bergen, deren Bewohner aber auch im 19. Jh. durch Strafexpeditionen nicht dauerhaft unterworfen wurden. Die Osmanen griffen zu einer Politik der Einhegung: Getreidelieferungen, Orden für Stammesführer, bessere Verpflegung im Heerdienst, Einbindung des Gewohnheitsrechts in das Reichsrecht (1871), aber auch die vorübergehende Absetzung von Würdenträgern bildeten Teile dieser Politik, die dem osmanischen Vorgehen bei Drusen und Maroniten im Libanon glich. Der Tod des deutschstämmigen Mehmet Ali Pascha im Kosovo (1878) verdeutlicht die Grenzen osmanischer Macht nach Jahrzehnten der Tanzimat: Trotz einer Warnung hatte der Pascha Gjakova betreten; von Tausenden Rebellen belagert, fiel er gemeinsam mit seinem Gastgeber, der das Gastrecht nach albanischem Brauch – gegen seine politische Überzeugung – mit seinem Leben verteidigte.

Die Große Orientkrise zwang den osmanischen Staat zu einer Änderung der Politik: Angesichts der drohenden Gebietsabtretungen, die der Berliner Kongress (1878) vorbereitete, unterstützte die Hohe Pforte anfangs regionale Bündnisse von Notabeln, die serbische, montenegrinische und griechische Ansprüche bekämpften (1878–1881); als diese Bünde aber auch Autonomie und eine albanische Großprovinz forderten, wurden sie mit Waffengewalt unterdrückt. Die Niederlagen von 1877/78 und muslimische Flüchtlingsströme aus Serbien und Bosnien veranlassten Sultan Abdül Hamid (1876–1909), seine Herrschaft gezielt auch auf die nichttürkischen Muslime – Albaner auf dem Balkan, Kurden und Araber in Vorderasien – zu stützen. Die bedrohten Grenzgebiete Nordalbaniens und weite Teile des Kosovo erhielten einen Sonderstatus, der wesentliche Erleichterungen im Steuerwesen und Heerdienst (kein Dienst im Jemen) bedeutete. Gegen die zentralisierenden Reformen des Sultans leisteten Albaner aber weiterhin Widerstand. Die Konfliktlinien brachte ein Notabler aus dem mittelalbanischen Mati einem österreichischen Diplomaten gegenüber zum Ausdruck: «*Wir sind dem Sultan ergeben und werden jederzeit für ihn kämpfen, aber wir werden uns gegen jedes ‹Bidat› (Neuerung, O. S.) wehren.*» Entsprechend entrichtete Mati um 1900 kaum Steuern, stellte keine Rekruten und wandte nur das Gewohnheitsrecht an. Gemischte Kommissionen aus osmanischen Beamten und örtlichen Notabeln regelten Streitfälle – und versinnbildlichten die Grenzen zentralstaatlicher Macht. Wo der Ausgleich scheiterte, brach rasch Gewalt aus: In der nordkosovarischen Hügellandschaft Drenica stürmten 1891 2000 muslimische Albaner den neu erbauten Sitz des Kaymakams (Amtmanns) und rissen ihn mit den Worten nieder: «*Seit 500 Jahren hat es in Drenica keine staatliche Obrigkeit gegeben; sie ist nicht erforderlich, und es wird sie auch nicht geben, solange wir leben!*»

Die letzte Wendung erhielt die osmanische Politik gegenüber den Westprovinzen nach dem Putsch der Jungtürken (1908), unter denen sich nicht wenige albanisch-muslimische Anhänger von Reformen befanden. Die Jungtürken ersetzten den Panislamismus des Sultans zunächst durch einen wachsenden türkischen Nationalismus, griffen aber angesichts der Bedrohung durch die christlichen Balkanstaaten wieder auf islamische Identitätsangebote zurück. Stärker noch als Abdül Hamid waren die Jungtürken entschlossen, die Autorität des Staates geltend zu machen; die Konfliktfelder blieben die Gleichen, die Machtmittel änderten sich ebenfalls kaum. Selbst albanische Jungtürken wandten sich von der neuen Regierung ab, als Turgut Pascha 1910 mit schwerer Artillerie die ummauerten Höfe und traditionellen Haustürme (kulla) zerstörte und einen regelrechten Feldzug gegen die renitente Bevölkerung führte. Vorübergehend gelang eine teilweise Entwaffnung der Bevölkerung, so in Shkodra und dem Großen Bergland. Der Rekrutenaushebung und dem gefürchteten Kriegsdienst im Jemen widersetzten sich auch die Bauern der Ebene mit Waffengewalt. Allenthalben flackerten 1910, 1911 und 1912 Rebellionen mit zunehmend nationalen Forderungen auf. Im Sommer 1912 überrannten die Aufständischen weite Gebiete östlich der Berge, die Schaffung eines albanischen Teilstaates schien bevorzustehen.

Gesellschaft und Lebenswelten

Gemeinschaft und Verwandtschaft

Auch heute noch bildet Verwandtschaft in den albanischen Gesellschaften den wichtigsten gesellschaftlichen Bezug eines Menschen. Über lange Jahrhunderte sah sich das Individuum außerhalb der Verwandtschaftsgemeinschaft potenziell gefährdet, ohne Hilfe in der Not, ohne Verbündete bei der Durchsetzung seiner Interessen. Die albanischen Gesellschaften sind ohne Kenntnis der verwandtschaftlichen Bande nicht zu verstehen. Es ist zu fragen, ob der Begriff der Gesellschaft albanische Verhältnisse überhaupt trifft oder ob nicht davon zu sprechen ist, dass eine sich seit dem 19. Jh. ausbildende moderne Gesellschaft (mit Medien, Schulwesen und begrenzter politischer Teilhabe) neben teilregional stark segmentären Gemeinschaften (v. a. im Hochland) stand. Letztere zeichneten sich durch Blutsbande, starke Solidarität nach innen und ebenso starke Abgrenzung nach außen und ein entsprechend starkes Gruppengefühl aus. Diese Gemeinschaften haben sich in der albanischen Geschichte bisweilen als stärker erwiesen als religiöse Bande oder ethnische Zugehörigkeit; Letzteres gilt besonders, wenn ein andersethnisches Gegenüber in einem Konflikt fehlte. Wie andere Teile des Balkans – Bosnien oder Montenegro – kannte und kennt der albanische Raum, von wenigen zaghaften Ansätzen abgesehen, keine bürgerliche oder Zivilgesellschaft. Auch ist die Distanz dem Staat gegenüber oft groß, der in der Regel als Gegner betrachtet wird. Albanische Geschichte vor dem 19. Jh. ist stark von sog. segmentären Gesellschaftsformen gekennzeichnet, bei der eine Gemeinschaft nur in sehr loser Beziehung zur Außenwelt steht, deren Angehörige zunächst einmal als feindlich wahrgenommen werden. Segmentäre Gesellschaften sind egalitär und herrschaftsfern; dies gilt besonders für schwer zugängliche Berggebiete. Herrschaftsferne oder gar Abwesenheit des Staates sind aber nicht nur durch die Bodenbeschaffenheit bedingt. Das Osmanische Reich grenzte Christen zusätzlich aus, denen zwar eine bedingte Selbstverwaltung gewährt wurde, die aber im Vergleich zu den vorherrschenden Muslimen diskriminiert wurden. Dies förderte den Rückzug auf die eigene Solidargemeinschaft noch mehr, die einem auch kulturell und religiös fremden Staat gegenüberstand. Segmentarität war aber nicht an die Religionszugehörigkeit allein gebunden; auch muslimische Dörfer und sogar Städte lehnten bisweilen sultanische Erlasse ab und bevorzugten ein geschütztes Eigenleben.

Außenstehende haben die Albaner gerne und oft als Stammesgesellschaften exotisiert. Ein genauer Blick zeigt, dass dies eine unzutreffende Verallgemeinerung ist. Richtig ist, dass sich im Verlauf der osmanischen Herrschaft im nördlichen Hochland – nicht aber in den Ebenen – Stämme ausgebildet haben und verschiedene Formen der Blutsverwandtschaft gemeinschaftsbildend wirkten. Was hier beschrieben wird, galt nur für einen Teil der Albaner. Gesellschaftliche Strukturen sind dem historischen Wandel unterworfen und bestehen nicht seit grauer Vorzeit. Das Stammeswesen war die Antwort eines Teils der albanischen Gesellschaft auf die osmanische Eroberung und nicht etwa ein Grundzug eines albanischen Nationalcharakters. Im ausgehenden Mittelalter weideten beidseits der nordalbanischen Berge Hirten, die in sog. Katunen (Viehzüchtergemeinschaften) zusammengeschlossen waren, ihre Herden auf den Winterweiden an der Adria und in der Metohija. Unter dem Schutz der serbischen Königsmacht siedelten sie im 14. Jh. um Shkodra in mehreren Dörfern. Den Schutz der Verwandtschaft benötigten sie offenbar nicht, denn die serbische Krone und die Stadtgemeinden boten Rechtssicherheit. Die osmanische Eroberung, die von schweren Verwüstungen begleitet war, trieb viele Menschen zur Flucht in die nahen Berge. Der Zusammenschluss mit Verwandten erwies sich als notwendig für das Überleben, im Kampf gegen wilde Tiere, Räuber und andere Hirten, die das knappe Weideland beanspruchten. So entstanden um 1500 die ersten Stämme im nordalbanischen Hochland als Viehzüchtergemeinschaften mit eigenem festen Gebiet, die sich von einem gemeinsamen Urvater ableiteten; früh erschienen so die Shala, Shoshi, Mërturi, Krasniqi und

Mirdita. Die Berge Mittel- und Nordalbaniens wandelten sich dergestalt seit dem ausgehenden 15. Jh. in fest umgrenztes Stammesland; ebenfalls im 15. Jh. erlangten die Stämme im benachbarten montenegrinischen Hochland ihre volle Ausbildung. Über die Grenzen von Sprache – Albanisch und Slawisch – und Konfession – katholisch und orthodox – waren die Hochlandbewohner durch eine gemeinsame Mentalität bis tief in das 20. Jh. hinein verbunden. Der Stamm der Kuqi (srb. Kuči) zerfällt sogar in orthodoxe, katholische und muslimische Zweige, die Serbisch bzw. Albanisch sprechen, sich aber der gemeinsamen Herkunft bewusst sind.

Die historische Anthropologie definiert Stämme als patrilinear, vertikal, agnatisch und exogam – d. h., dass nur die männliche Linie (die sog. Blutlinie im Gegensatz zur «Milchlinie», der Verwandtschaft der Frau) eine verwandtschaftliche Bindung schafft, dass sich alle Mitglieder der Verwandtschaft auf einen gemeinsamen, oft mythischen, fiktiven Urahnen zurückführen und nur Frauen geheiratet werden dürfen, mit denen keine Blutsverwandtschaft besteht. Eine derartige patrilineare Gemeinschaft ist nach außen streng abgeschlossen; durch Heirat entsteht keine Verwandtschaft mit der Familie der Frau. Nach dem nordalbanischen Gewohnheitsrecht besaß die Frau im Vergleich zu den Männern, die allein die Gemeinschaft bildeten, nur eine untergeordnete Stellung. Frauen waren nicht rechtsfähig; ihre Männer durften sie zu harter Arbeit heranziehen, schlagen und sogar verlassen. Bei der Heirat gab die Familie der Braut dem Bräutigam eine Kugel, mit der er die Frau bei Ehebruch erschießen durfte. Ehebruch war die schwerste Demütigung für den Mann und nur durch den Tod der Ehebrecher zu sühnen. Uneheliche Kinder galten als große Schande. Die Abstammungsgemeinschaft pflegte den Kult der Ahnen und haftete gemeinsam für das Verhalten ihrer männlichen Mitglieder. Der Besitz war kollektiv, d. h., er konnte nicht von einem Einzelnen vererbt, verkauft oder geerbt werden. Geleitet wurde die Gemeinschaft von einem Ältesten, der sie nach außen vertrat. Das Exogamiegebot wurde äußerst streng gehandhabt. Anthropologen trafen um 1900 Stammesmitglieder, die ihre Stammbäume über vier Jahrhunderte, also bis zur Zeit der Stammesbildung, zurückführten; und noch in den 1990er-Jahren, nach einem halben Jahrhundert kommunistischer Bekämpfung der Stammestradition, erinnerten sich in Shala Männer über sieben Generationen zurück.

Da Heirat keine Verwandtschaft schuf, Sippen aber dennoch bedacht waren, zuverlässige Verbündete zu gewinnen, entstanden Rituale der Eingliederung in den Verwandtschaftsverband, die Blutsbrüderschaft und die Patenschaft, die sich in Taufpatenschaft (nur bei Christen) und Haarpatenschaft unterteilt. «*Die Bruderschaft entsteht durch das Bluttrinken und hindert die Verschwägerung für immer zwischen den Blutsbrüdern, ihren Häusern und Herdstätten*», heißt es im nordalbanischen Gewohnheitsrecht; d. h., dass durch die Blutsbrüderschaft zweier Männer ihre ganzen Verwandtschaftsverbände mit einbezogen werden, also beide zahlreiche neue Verwandte gewinnen, auf die sie sich unbedingt verlassen können. Bei der Haarpatenschaft schneidet der Pate einem mindestens einjährigen Kleinkind je eine Strähne von der Stirne, von den Schläfen und vom Hinterkopf; der Pate gilt als Bruder der Eltern und wird damit Teil der Familie. Große Aufmerksamkeit hat außerhalb Albaniens auch die Möglichkeit erregt, das soziale Geschlecht zu wechseln, wobei es sich auch hier nicht um eine albanische Besonderheit handelt, sondern um einen auch im südslawischen Bergland bestehenden Brauch. Ledige Frauen erklärten öffentlich vor zwölf Zeugen, dass sie Männer sein wollten, und wurden daraufhin als solche anerkannt. Sie durften nicht heiraten, schnitten sich die Haare, trugen Waffen, rauchten und waren blutrachefähig. Freilich war die Zahl dieser sog. Virgjineshë stets gering, und die Entscheidung gehorchte oft eher der Not als einer Neigung: In einer söhnelosen Familie oder beim gewaltsamen Tod der Männer musste eine Frau die Männerrolle annehmen, die allein zur Teilnahme an Rechtsgeschäften befähigte. Andere Frauen wollten einer Heirat entkommen; lehnten sie als Frauen ab, verfiel ihre Familie der Blutrache, wechselten sie das soziale Geschlecht, bewahrten sie ihre Verwandten vor diesem Schicksal. Der Rollenwechsel bot schließlich auch die Möglichkeit, der außerordentlich schlechten Behandlung von Frauen in der Bergwelt zu entkommen.

Fis und Fara – Stämme und Verwandtschaftsverbände

Die Berge Mittel- und besonders Nordalbaniens waren die Welt der Stämme, patrilinearer Abstammungsgemeinschaften, die albanisch Fis genannt werden. 1918 erfasste die k. u. k. Militärverwaltung in Nordalbanien 162 368 Stammesangehörige. Rund 50 000 entsprachen dem sog. Malësiatyp, bei dem die Stämme unverbunden nebeneinanderlebten. In der Zahl der Mitglieder und im Umfang des Gebiets unterschieden sich die Stämme ganz erheblich: Die Këlmendi mit den Sippen der Vukli, Boga, Nikshi und Selca zählten 4679 Männer auf 300 qkm, die Krasniqi 4803 Männer auf rund 250 qkm, demgegenüber gehörten nur 254 den Toplana an, 435 den Xhani und 534 den Kiri; die Rioli nannten ein kleines Gebiet von 50 qkm ihr Eigen, die Triephsi gar nur 30 qkm. Die Hausvorstände nahmen an der Stammesversammlung, dem Kuvend (von lat. conventus), teil. Stammesämter bestanden nicht. Die Ältesten rekrutierten sich aus den Sippenführern (oft Vojvode genannt) und von den Osmanen anerkannten Kriegerführern, den sog. Bayraktaren.

In Mittelalbanien, in Mirdita, Mati und Luma, lebten 1918 rund 24 000 mehrheitlich muslimische Stammesmitglieder, und zwar oft in gemischten Dörfern – also keinen reinen Sippendörfern. Im Gegensatz zum Großen Bergland hatten sich die Stämme in Bünden zusammengeschlossen; vornehme Familien wie die Zogollaj, aus denen Albaniens einziger König Zogu (1928–1939) hervorging, besaßen erheblichen Einfluss. Als mächtigster Stammesbund entstand nach 1750 die von der Islamisierung nicht erfasste katholische Mirdita, die einem Hauptmann (kapetan) mit Sitz in Oroshi folgte, eine Würde, die im Hause der Gjomarkaj erblich bis zum Zweiten Weltkrieg weitergegeben wurde. Der Mirditenbund bestand um 1850 aus fünf osmanischen Bayraks (Mobilisierungsräumen), Oroshi, Spaç, Kuzhneni, Fandi und Dibri. Die Mirdita kannte eine allgemeine Zusammenkunft, an der höchstens 2000 Männer teilnahmen, die über Verträge, Krieg und Frieden entschieden. Die laufenden Geschäfte erledigten ein Bayraktarsrat aus 25 Männern sowie eine Bayraktarsversammlung aus zwölf Bayraktaren und dem Kapetan. In der zweiten Hälfte des 19. Jh.s übernahmen die Kapetane und die

Äbte des Klosters von Oroshi, wie Prenk Doçi, eine führende Rolle bei Aufstandsplänen gegen die Osmanen. Kapetan Prenk Bib Doda träumte davon, aus Mirdita ein albanisches Piemont, also das Kerngebiet eines albanischen Nationalstaates, zu machen; im April 1877 besiegten ihn die Osmanen und verbannten ihn nach Anatolien. Die Mirditen lehnten sich aus christlichem Misstrauen gegen Muslime wiederholt an Montenegro und Serbien an und riefen auf serbisches Betreiben im Juli 1921 sogar eine kurzlebige Autonome Republik gegen den 1912 geschaffenen albanischen Nationalstaat aus.

Völlig verschieden von den Stämmen im Großen Bergland mit ihren fest umgrenzten Gebieten, aber auch von den Stammesbünden Mittelalbaniens gestaltete sich das Stammesleben im Kosovo. Über die Jahrhunderte waren zahlreiche Sippen aus Nord- und Mittelalbanien in die Ebenen der Metohija und des Amselfelds abgewandert. Sie bewahrten in ihrer neuen Heimat die Erinnerung an den Mutterstamm, bauten aber in den recht dicht besiedelten Ebenen keine neuen Stammesgebiete auf, sondern siedelten sich in Dörfern bzw. Dorfvierteln als Abstammungsgemeinschaften an. Bei diesen Neusiedlern trat bald ein Dorfbewusstsein – mit Dorfexogamie – neben die reine Stammeszugehörigkeit. So passten sich die Stämme der Tatsache an, dass sie sich in der Ebene territorial aufsplitterten.

Im albanischen Süden und in Epirus mit seinem orthodoxen und muslimischen albanischen Bevölkerungsanteil, d. h. in der Labëria mit Strängen bis nach Suli im Süden, in die Myzeqeja im Norden, herrschte ein etwas anders gegliedertes System vor, das der Fara. Eine Fara besteht nicht aus Sippen, sondern aus Teilgeschlechtern (die Fis heißen). Diese Teilgeschlechter leiten sich weniger weit, zumeist nur vier Generationen, zurück als die Sippen im Norden. Zwar kennen sie einen gemeinsamen Urahnen, doch kommt der Vorstellung einer gemeinsamen Abstammung deutlich geringere Bedeutung zu. Im albanischen Süden bestanden auch keine geschlossenen Gebiete. Teilgeschlechter lebten oft in einzelnen Dorfvierteln in zumeist befestigten Häusern zusammen. Im Dorf Qafa in Suli wohnten um 1660 60 Familien, die in fünf Geschlechter gegliedert waren, in Suli selbst 425 Familien in 19 Geschlechtern; um 1800 waren die 300 Familien des Dorfes Himara in fünf Fratrien (Bruderschaften) aufgeteilt. Die Teilgeschlechter benannten sich oft nach dem Urahnen und hießen daher Vasilenj, Nikanj oder Panajotenj. Exogamie gilt nur innerhalb des Teilgeschlechts, nicht in der ganzen Fara.

Fis und Fara entstanden, weil in einem weitgehend herrschaftsfreien Raum Solidargemeinschaften erforderlich wurden. Patrilinearität war aber nicht die einzige Antwort der Menschen im Hochland auf ihre Lebensumstände. Die Aromunen, die mit ihren Herden zwischen Sommer- und Winterweiden wanderten, besaßen kein festes Gebiet, sondern waren auf eine möglichst weitläufige Verwandtschaft angewiesen, die ihnen an den Weideplätzen Hilfe bot. Sie kannten daher die Bilinearität, d. h., Heirat schuf Verwandtschaft; die Exogamie diente dazu, die Verwandtschaft möglichst weit auszudehnen. Um 1900 umfassten derartige Verwandtschaftsverbände bis zu 250 Personen, die im Winter beisammenwohnten, im Sommer aber auf einem Weidegebiet von über 500 qkm verstreut ihre Herden betreuten. Freilich heirateten Aromunen unter sich, dies gilt auch für slawisierte Aromunen und albanisierte Aromunen im heutigen Westmakedonien. Dass Albaner nicht generell als patrilineare Gemeinschaften verstanden werden dürfen, zeigen schließlich Teile der Arvaniten in Griechenland, die ebenfalls ein bilineares Verwandtschaftswesen besaßen.

Ehre und Gastrecht – das albanische Gewohnheitsrecht

Die Bewohner der Bergwelt folgten eigenen mündlich weitergegebenen Rechtssystemen, dem sog. Kanun (oder auch zakon). In der albanischen Bergwelt haben sich mehrere Gewohnheitsrechte ausgebildet, so der Leka Dukagjin zugeschriebene Kanun in Nordmittelalbanien und der «Kanun Skanderbegs» in Mittelalbanien; daneben bestanden der Kanun des Großen Berglands im Norden und der «Kanun des Papazhuli» (oder der Labëria) in Südwestalbanien. Aufgezeichnet wurden diese Gewohnheitsrechtstraditionen erst seit dem ausgehenden 19. Jh., wobei die Kodifikatoren – der berühmteste ist der 1929 von serbischen Nationalisten getötete Franziskanerpater Shtjefën Gjeçovi – die knappen Merksprüche nach Rechtsbereichen (Strafrecht, Erbrecht usw.) und nach Paragraphen gliederten. Wie die Stämme ist auch das Gewohnheitsrecht kein albanisches Spezifikum – dass Menschen ein Rechtssystem ohne Richter und Gesetzbücher entwickeln, erklärt sich durch die Abwesenheit des Staates bzw. das Misstrauen von Gemeinschaften gegenüber dem Staat. Das Gewohnheitsrecht und sein räumlicher Anwendungsbereich sind nie statisch, sondern abhängig von der Fähigkeit der Herrscher der Ebenen, ihr Recht im Bergland durchzusetzen. Im Gewohnheitsrecht fallen Gerechtigkeitsempfinden und Rechtssetzung zusammen. Es war ein Spiegel der gesellschaftlichen Vorstellungen und Normen im Hochland. Der hier beschriebene Idealtyp wurde in der gesellschaftlichen Realität nur bedingt umgesetzt.

Im Mittelpunkt des Rechtsdenkens stand die Ehre. Es bestanden hier keine Rangunterschiede, sondern «*Gott gab uns zwei Fingerbreit Ehre mitten auf der Stirn*». Die Verletzung der Ehre konnte nur durch Blut gesühnt werden, oder wie es im Merkspruch im Kanun des Leka Dukagjin heißt: «*Die geraubte Ehre hat keine Buße.*» Was eine Ehrverletzung war, wurde genau geregelt: Wer jemanden der Lüge zieh, ihn stieß oder schlug, das gegebene Wort brach, jemanden bedrohte, ihm die Waffe wegnahm, die Gattin beleidigte oder gar entführte, Schulden nicht zahlte oder einen Einbruch verübte, das Gastrecht missachtete oder den Gastgeber beleidigte, der beging eine Injurie. Der Beleidigte hatte «die offene Tür», wie die schwere Schande genannt wurde, durch Rache zu sühnen. Die Sühne erfolgte nicht willkürlich, sondern nach strengen Regeln. Im Kanun des Leka Dukagjin verfielen alle männlichen Verwandten, nicht aber Frauen und Kinder, des Täters dem sog. Blutnehmen (alb. gjakmarrja). Damit begann sich die Spirale von Rache und Gegenrache zu drehen. Die Furcht vor der Blutrache trieb die potenziellen Opfer dazu, sich in Familientürme (alb. kulla) zurückzuziehen und Frauen die gesamte Arbeit außer Haus zu übergeben oder auch die Gegend zu verlassen. Das Gewohnheitsrecht sah die Möglichkeit der Versöhnung vor, die durch Geistliche oder besonders angesehene Männer vermittelt wurde. Haft- und Körperstrafen waren ausgeschlossen, dafür wurden bei Sachschäden Bußen verhängt, bei schweren Vergehen die Todesstrafe. Die Todesstrafe wurde von der Dorfgemeinschaft oder der Mobilisierungseinheit (bayrak) vollzogen, damit das Blut nicht auf einen einzelnen Henker fiel. Die kollektive Tötung galt bei der Ermordung besonders geschützter Personen (Geistliche, Gastfreunde, Boten, Feinde unter Schwurschutz), bei Waffengebrauch auf Versammlungen und bei der Verrückung von Grundstücksgrenzen.

Eng mit dem Ehrbegriff verbunden ist die Besa, ein Begriff mit einem weiten Feld von Bedeutungen. Besa bezeichnet das Ehrenwort, den Eid und den Waffenstillstand, ist also sowohl Inbegriff des Ehrverständnisses als auch Mittel zur Beilegung von Auseinandersetzungen. Die Verletzung der Besa bedeutete die sofortige Entehrung. Eine Besa konnte zwischen einzelnen Männern, aber auch ganzen Gemeinschaften geschlossen werden. Eine umfassende Besa mit vielen Tausend Beteiligten kam im Kosovo zu Beginn der 1990er-Jahre zustande, damit nicht Blutrachefälle die albanische Opposition gegen die serbische Behördenrepression schwächten.

Ehre und das gegebene Wort kennzeichnen eine weitere Einrichtung des Gewohnheitsrechts, das Gastrecht. «*Das Haus des Albaners gehört Gott und dem Gast*» (mik von lat. amicus), heißt es im Kanun des Leka Dukagjin. Der Gastgeber hatte den Gast zu ehren, ihn zu bewirten, wobei nicht selten die Gastgeber keine Rücksicht auf ihre eigene wirtschaftliche Leistungsfähigkeit nahmen. Er hatte ihn zu beschützen und dabei auch sein eigenes Leben und das seiner männlichen Verwandten einzusetzen. In einer Gesellschaft ohne Polizei und Gerichte sicherte nur die Heiligung des Gastrechts das Reisen im gebirgigen Hochland. Die Verletzung des Gastrechts durch den Gastgeber wurde durch die Gemeinschaft mit dem Tod bestraft, das Haus des Täters dem Erdboden gleichgemacht.

Das Gewohnheitsrecht ist von einer klaren Einteilung der Welt in Freund und Feind, Ehre und Schande («weißes Gesicht» – «geschwärztes Gesicht») gekennzeichnet. Keinesfalls darf es als Anarchie gewertet werden. Ende des 19. Jh.s bemerkte ein österreichisch-ungarischer Konsul im Kosovo, die Blutrache sei «*das Surrogat für den fehlenden Justiz- und Sicherheitsdienst»*, und nichts sei besser geeignet, «*die zu jeder Gewaltthat bereiten Desperados zu zügeln, als die Vendetta in der Hand der waffentragenden Bevölkerung*». Außenstehende Forscher wie der ungarische Baron Franz Nopcsa bemerkten um 1900: «*Ihrer Intelligenz und ihrem raschen Auffassungsvermögen entsprechend sind die Albaner ausgezeichnete Juristen. Die wissen die Satzungen des Kanuns so zu wenden, wie es ihnen am besten zukommt, und verstehen es auch, alle nur denkbaren Argumente vorzubringen, um den einfachsten Fall zu complicieren.*» Nopcsa war es auch, der erstmals die Folgen des Kanuns, besonders das Ausmaß der Blutrache, statistisch erfasste. Während vor 1914 in Preußen auf 100 000 Einwohner 1,9 Morde geschahen und in Bayern 2,7, waren es in Serbien 18, in Nordalbanien aber 60. Einen Höhepunkt erreichte die Schwäche des osmanischen Rechts um 1860: 1863 waren im Raum Shkodra rund 2000 Männer von der Blutrache bedroht.

Das Hochland bildete eine eigene Lebenswelt, nicht nur gesellschaftlich, sondern auch mental. Die Erfahrung der Staatsferne, die Notwendigkeit, Konflikte nach einem strengen mündlich überlieferten Regelwerk beizulegen, aber auch die wirtschaftliche Not prägten Mentalität und Habitus. Die meisten Stammesmitglieder lebten von Viehzucht; den Mangel an Getreide und Salz glichen sie nicht selten durch Raubzüge in die Ebene aus. Im Ringen um Weideplätze, um Wasserrechte, um Land setzte sich der Stärkere durch. Der erfolgreiche Kämpfer, nicht der hart arbeitende Bauer wurde im Hochland bewundert und im Lied, dem wichtigsten Medium der Selbstvergewisserung, gefeiert, am eindringlichsten in der «Laute des Hochlandes» des Nationaldichters Pater Gjergj Fishta (1871–1940). Tatsächlich wurden auch schwere Arbeiten den Frauen überlassen. Raub galt nicht als ehrenrührig, er war Teil jener heroischen Männlichkeit, die als gesellschaftliches Ideal auch in den Bergen Montenegros, der Herzegowina und des dalmatinischen Hinterlands verbreitet war.

Gesellschaft und Lebenswelten der Ebenen

«Albanien ist eine recht große und weitläufige Landschaft. Sie hat kriegstüchtige Einwohner, die ausgezeichnete Bogenschützen und Speerkämpfer sind ... das Land bringt Fleisch, Käse und Milch hervor; es ist nicht reich an Brot und Wein, obwohl die Vornehmen davon genug haben. Sie haben keine Städte, Lager, Festungen oder Bauernhöfe, sondern leben in Zelten und ziehen mit ihren Herden und Familien von einem Ort zum anderen. Sie haben eine Stadt, die Duracium heißt, die den Lateinern gehört und von der sie Stoffe und andere Gebrauchsgüter beziehen.»

So beschrieb im Jahre 1308 eine anonyme Denkschrift zur Vorbereitung eines Kreuzzuges die Albaner. Es sind die kriegstüchtigen Hirten Mittelalbaniens, die den militärischen Planer interessieren, doch zeigt er noch mehr auf: Mittelalbanien war ganz vom Hafen Durrës beherrscht, neben dem keine andere Stadt aufsteigen konnte. An der Spitze der regionalen Gesellschaft standen Vornehme mit vollen Vorratsspeichern. Die Bevölkerung schließlich lebte in den weiten, an der Küste versumpften Schwemmlandebenen nicht in festen Siedlungen. Es ist dies die erste Schilderung der sog. Transhumanz, der jahreszeitlich zwischen Tiefland und Bergalmen wandernden Hirten. Es wäre aber falsch, diese Momentaufnahme einer Teilregion auf unseren ganzen Betrachtungsraum zu übertragen.

1945 lebten beinahe 90% der Bewohner des südwestlichen Balkans als sesshafte Bauern in Dörfern, die allermeisten von ihnen siedelten in den Ebenen und im Hügelland; das Bergland war nur dünn bewohnt. Die einzelnen Teilregionen wiesen erhebliche Unterschiede in Siedlungsdichte und -struktur auf. Denn während um 1300 in Mittelalbanien eine einzige Hafenstadt in einem Hirtenumland bestand, entfaltete sich im Norden – um Shkodra – und im Süden eine hoch entwickelte Landwirtschaft in zahlreichen und einwohnerstarken Dörfern, in denen Hirten nur eine Randerscheinung darstellten. Der älteste Kataster der albanischen Geschichte, der 1416/17 von der venezianischen Verwaltung in den Ebenen und Hügeln um Shkodra erstellt wurde, entfaltet das Bild einer entwickelten ackerbäuerlichen Gesellschaft. Erfasst wurden 104 Dörfer mit 1230 Häusern.

Anzahl Häuser	1–5	6–10	11–20	21–30	31–40	41–60	über 60
Distrikt Oberskutari	11	17	7	2	1	1	1
Distrikt Unterskutari	16	22	20	3	–	3	–

Für die «albanischen Gebiete» des 15. Jh.s (d. h. das «Großalbanien» des 19. und 20. Jh.s) errechnete der Osmanist Selami Pulaha 3608 Siedlungen mit 82 810 Häusern und schloss angesichts der zahlenstarken Familien auf eine Bevölkerung von rund 820 000 Menschen. Die Siedlungsdichte war im Mittelalter wie heute zwischen Bergen und Ebenen ungleich verteilt. Als Siedlungskerne erweisen sich die Regionen Vlora, Kanina, Gjirokastra, Përmeti und Berat im Süden, Shkodra im Norden sowie östlich der Berge die leicht hügeligen Siedlungskammern des heutigen Kosovo und die Pologebene im heutigen Westmakedonien.

Die bäuerliche Bevölkerung um Shkodra war um 1400 zumeist persönlich frei, mit Steuer- und Kriegspflicht und frei veräußerbarem Erbgut (baştına). In Dorfgemeinschaften zusammengeschlossen, verwaltete sie sich in Dorfversammlungen und wählte eigene Dorfhauptleute. Wie in Byzanz und Serbien haftete die Gemeinschaft für Steuern und Sicherheit auf dem Gemeindegebiet. Steuern gingen an den Landesherrn (die serbische Krone bzw. regionale Adlige, 1396–1479 auch Venedig), dem auch Fron- und Fuhrdienste geleistet wurden. Auch in Nordalbanien bestand um 1400 die byzantinisch-serbische Prónoia, d. h., Steuereinkünfte wurden an berittene Dienstmannen des Landesherrn vergeben, die faktisch die Herrschaft über ein Dorf übernahmen und Venedig als Transmissionsriemen seiner Herrschaft dienten. Östlich der Berge sind Albaner gemeinsam mit Vlachen als Hirten auf den Almen der orthodoxen Klöster belegt, aber auch als sesshafte Bauern besonders im Bergvorland; neben einer schwindenden Zahl von Freibauern dehnte sich dort die Hörigkeit (serb. meropsi) aus.

Die Beschreibung einer ländlichen Gesellschaft der Vormoderne läuft nicht selten Gefahr, ein Bild der Statik zu vermitteln. Tatsächlich entwickelten sich landwirtschaftliche Techniken vom Mittelalter bis zum Ende der osmanischen Herrschaft nur sehr langsam. Dennoch sind langfristige Veränderungen zu beobachten, v. a. das Auftreten neuer Pflanzen, die entscheidend die Ernährung der Bevölkerung, die auf Brot basierte (das im Albanischen – buka – gleichbedeutend ist mit Nahrung), bereicherten. Beidseits der Berge waren Weinkultur, Ackerbau (Weizen, Gerste, Hirse, Roggen), Obst- und Gemüseanbau, an der warmen Adriaküste auch Olivenhaine verbreitet; daneben gab es auch Mühlenwirtschaft, Imkerei und Fischfang; von überragender Bedeutung war allenthalben auch die Viehzucht (v. a. Schafe und Ziegen, in den Ebenen auch Kühe und Büffel, daneben Schweine als Haustiere der Christen). In osmanischer Zeit verbreiteten sich als neue Anbauprodukte Reis, Tabak, Safran und Mais. Der Safran wurde v. a. im heutigen Kosovo (um Peja) angebaut und als berühmtes regionales Erzeugnis u. a. nach Dubrovnik ausgeführt. Der Mais trat wohl zu Beginn des 17. Jh.s erstmals im südwestlichen Balkan auf und breitete sich im 18. Jh. rasch aus; er wurde zu einem neuen Grundnahrungsmittel der Bauern und verdrängte zunehmend die klassischen Getreidesorten: 1927 wurde im Bezirk Kruja 100-mal mehr Mais als Weizen angebaut, in Kavaja 40-mal mehr. Auf zwei Dritteln der albanischen Ackerfläche wurde 1935 Mais geerntet. Der Maisanbau in den Ebenen erklärt auch die Gründung neuer bäuerlicher Siedlungen durch Zuwanderer aus dem Hügelland oder die Teilung von Dörfern in eine Altsiedlung und eine Neusiedlung neben den Maisfeldern.

Mit Frang Bardhi in der nordalbanischen Dorfwelt

«Ist das der Weg, der nach Kruja führt? – Nein, Bruder, du hast dich verlaufen. – Sag' mir, aus welchem Land du bist! – Aus dem Land Makedonien, aus Shkodra. – Zeig' mir den Weg gegen ein Stück Brot. – Komm' mit und hab' keine Angst. – Gibt es auf diesen Wegen Räuber oder Gauner? – Nein, der Sancak hat sie umgebracht.»

Als erster Albaner verfasste der katholische Geistliche Frang Bardhi «zur Erbauung der Leser» einen kurzen Sprachführer. Seine fiktive Reise verweist auf die Gefahren der nordmittelalbanischen Landstraße um 1635 und die drastischen Methoden der osmanischen Behörden. Bardhi hat aber auch eine ausführliche Beschreibung der Landschaft am unteren Drin, der Zadrima, hinterlassen, die den Leser in die Welt des ländlichen Niederalbanien einführt:

«Die Zadrima ist eine eigene kleine Landschaft zwischen Shkodra und Lezha; beide Städte liegen in einer wunderschönen Ebene, die sich zumeist den Drin entlangzieht. Die Felder sind sehr fruchtbar, alle Sorten von Feldfrüchten gibt es im Überfluss, besonders Weizen, Hirse und Gerste. Es gibt Feigen, Pfirsiche, Pflaumen, Granatäpfel, Honigmelonen, Wassermelonen, Lattich, Chicorée, Rüben, Knoblauch, Zwiebeln und anderes Gemüse ... Da gibt es Ochsen, Kühe, Schafe, Schweine, Pferde und andere Tiere in großer Zahl. Da gibt es jede Meile frische Quellen am Fuße hoher Berge, die sie (die Ebene) umgeben ... es gibt kleine Gewässer, voll von Mühlen für jede Art von Getreide. Die Luft ist außerordentlich gesund, und im Allgemeinen gibt es genug an all dem, was man zum Leben braucht.»

In 85 Häusern lebten über 1000 Menschen. Wie andere Flüsse, die zur Adria entwässern, bedrohte auch der Drin die Siedlungen im Tiefland; im Frühling traten häufig Überschwemmungen auf und zwangen die Menschen, mit ihren Familien und dem Vieh auf nahen Hügeln Schutz zu suchen; andere sah Bardhi vor den Fluten auf Betten und Dachbalken klettern. Im Sommer schliefen die Bauern im Freien und arbeiteten tagsüber barhäuptig in der starken Sonne, ihre Frauen mähten mit Sensen das Getreide, sie tranken nur wenig Wein, sondern v. a. Wasser und ernährten sich von Hirsebrot und Gemüse ohne Öl, sie fasteten oft und streng, auch die Frauen gingen barfuß zu jeder Jahreszeit, über Stock und Stein, durch Schlamm und Schnee. Krankheiten aller Art waren verbreitet, nur die Gicht nicht. Die Sitten waren streng; Prostitution gab es nicht, da Prostituierte sofort getötet wurden. Die Gegend war arm, dennoch begingen die Dorfbewohner das Fest des Kirchenpatrons mit großem Aufwand; dabei wurden Freunde für einige Tage eingeladen und bewirtet; viel Geld gaben sie für Hochzeiten aus. Überhaupt verbrachten die Menschen der Zadrima viel Zeit bei Tisch, wo sie gerne über das Leben nachdachten. Besonders bemerkenswert waren, so Bardhi, die Trauerbräuche: Die Kleider wurden zerrissen, die Männer zerkratzten ihre Gesichter bis aufs Blut und rasierten sich ein Jahr lang nicht, die Frauen aber schnitten ihr Haar ab und schlugen ihre Brüste. Zum Leichenschmaus kamen bis zu 100 Menschen zusammen. Als Tradition, welche die Gemeinschaft gefährdete, hob Bardhi die Blutrache hervor.

Die katholischen Dörfer der Zadrima zählten zur Gruppe der vom Sultan privilegierten Siedlungen. Sie waren keinem Timarioten unterstellt, sondern unterhielten Brücken, die der religiösen Stiftung des Paschas von Dukagjin zugeordnet waren. Die Dörfer wurden von Ältesten nach außen vertreten, die mehrfach im Jahr zusammenkamen, um Reparaturen an der Brücke vorzunehmen; sollte diese Schaden nehmen, drohte ihnen die Köpfung. Da die Männer von Zadrima Katholiken waren, hätte der zuständige Bischof die Versammlung der Ältesten leiten sollen; da aber die Ältesten oft für die Osmanen und gegen den Bischof sprachen – auf Kritik an den Osmanen standen freilich schwere Strafen –, mied der Würdenträger den Kontakt zu den Dorfchefs. Die osmanischen Behörden kritisierte Bardhi – wie auch bisweilen die eigene katholische Obrigkeit – in deutlichen Worten: «*Zehn bis 15 hochgestellte Türken reisen zusammen zu den Häusern der Christen, da sie wissen, dass diese etwas anzubieten haben. Sie essen und trinken den ganzen Tag, so viel sie nur können, ohne etwas zu bezahlen. Und der arme Christ darf nicht sagen, er habe kein Brot, Wein, Fleisch oder Futter für die Pferde, weil sie ihm sonst das Haus zerstören, ihn selbst brutal auf die Füße schlagen und seine Frau schänden würden … Immer wenn die Türken Arbeiter für Holzschlag und Ernte, für das Pflügen des Bodens, den Bau von Häusern und Gutsgebäuden, für den Transport von Holz und Wasser und für andere Dienste brauchen, zwingen sie die Christen, diese Arbeit jederzeit zu verrichten, sogar wenn es schneit, ohne ihnen etwas dafür zu bezahlen.*»

Die Entstehung des Großgrundbesitzes

Die Schwäche der osmanischen Zentralbehörden zeitigte langfristige Folgen: Örtliche Machthaber begannen im 17. Jh., eigene Güter (çiftlik) aufzubauen. Dabei bedienten sie sich rechtlicher Kniffe, um den sultanischen Besitzanspruch auszuhebeln, bisweilen aber auch gewaltsamer Maßnahmen. Sie schoben sich als Mittelsmänner zwischen Bauern und Timarioten, erwarben steuerbegünstigte Baştına von Angehörigen des Militärwesens, übernahmen aufgelassene Dörfer, Rodungsland und Sommerweiden, v. a. aber nahmen sie Zuwanderer als Landarbeiter in Dienste, die nicht in den staatlichen Steuerregistern erfasst waren. Wurden im 16. und frühen 17. Jh. die überwiegend kleinen Güter, oft in der Nähe von Städten, noch von den Besitzern, Offizieren und Notabeln selbst verwaltet, so entstand seit der zweiten Hälfte des 17. Jh.s ein Großgrundbesitz: Der staatliche Steuerdruck auf die Bauern schwächte deren Stellung gegenüber landhungrigen Notabeln, überschuldete Bauern traten das erbliche Bodennutzungsrecht ab und arbeiteten als abhängige Landarbeiter auf ihrem ehemaligen Nutzland weiter. Die Latifundienbesitzer bildeten eine neue Elite innerhalb der städtischen Oberschicht. In Berat etwa zählten die 15 Gutsbesitzer zur absoluten Oberschicht: ein Wesir, ein Pascha und 13 Beys. Auch der geistliche Grundbesitz wuchs stark an, bei Muslimen wie bei Orthodoxen. Muslimische religiöse Stiftungen, Derwischhäuser und orthodoxe Klöster und Kirchen erwarben durch Stiftungen erheblichen Gutsbesitz. Bedeutende Ayane rissen viel Land an sich, das nach ihrer Niederwerfung im frühen 19. Jh. zu Krongut des Sultans umgewandelt wurde. In den Ebenen verschwanden die Freibauern daher fast vollständig; ebenso sank die Zahl der Timarioten, denn reiche Herren bündelten mehrere Timarpfründen in ihrer Hand. Die dörfliche Gesellschaft der Ebenen, besonders an der Adria, zerfiel noch um 1900 in zwei scharf getrennte Gruppen: eine Masse verarmter, oft landloser Gutsbauern und eine kleine Gruppe reicher und politisch einflussreicher, durchwegs muslimischer Großgrundbesitzer.

In Mittel- und Südalbanien zahlten die Bauern im frühen 19. Jh. zwischen einem Viertel und der Hälfte der Ernte an den Gutsherrn; in den meisten Gegenden wurde ein Drittel entrichtet. Die Höhe der Summe war abhängig davon, ob der Bauer Vieh und Werkzeug in die Arbeit einbrachte. Völlig mittellose Bauern, die gerade ihre Arbeitskraft anboten, zahlten die Hälfte. Frondienste galten zwar als illegal, aber von etlichen Gutsherren wurden Spanndienst, Fuhrdienst, Holzschlag und Geschenke erzwungen. Als der österreichische Konsul Johann Georg von Hahn um 1850 durch das Tal von Gjirokastra reiste, stellte er fest, dass die Gutsherren ein patriarchalisches System betrieben: Die Bauern blieben auf dem Land, die Söhne teilten das Land ihrer Väter, die Töchter nahmen als Mägde Dienst auf dem Gutshof; kaum einer wanderte ab, der Gutsherr verjagte die Bauern auch nicht; er bot Schutz gegen den Staat und dessen Fiskus. Da zahlreiche Gutsherren hohe Ämter in Heer und Verwaltung bekleideten, zudem auch Steuerpachten erwarben, hatten sie die abhängigen Bauern weitgehend in der Hand.

Städtische Lebenswelten

Wie auch in anderen Teilen des Balkans bilden Stadt und Landschaft sprachlich, religiös und kulturell häufig keine Einheit. Der albanische Raum hat im Laufe der letzten eineinhalb Jahrtausende an drei wesentlichen Stadttypen des Balkans Anteil, dem adriatischen, dem byzantinischen und dem osmanischen. Gemeinsam war allen diesen Stadttypen die erhebliche kulturelle Mischung. Eine albanische Mehrheitsbevölkerung in den Städten bildete sich erst allmählich im Spätmittelalter und unter der osmanischen Herrschaft heraus. Die albanische Küste ist städtegeschichtlich Teil der Alten Welt; die slawische Einwanderung hatte jedoch die meisten antiken Städte zerstört. Im Gegensatz zum Binnenland weisen küstennahe Städte wie Durrës, Lezha und Shkodra eine (weitgehende) Siedlungskontinuität zur Antike auf. Am deutlichsten ist dies in Durrës mit seinem weitläufigen Amphitheater und dem Forum des Kaisers Anastasios I. (491–518), der aus der Stadt stammte. Ab dem 9. Jh., als sich die byzantinische Herrschaft wieder festigte, bildete sich gerade in Nordalbanien eine blühende Welt kleiner katholischer Bistumssitze heraus (Sarda, Balezo, Drivasto/alb. Drisht, Suacium/srb. Svač/alb. Shasi). Dieser Raum westkirchlich ausgerichteter Städte, allen voran Shkodra, unterhielt enge Beziehungen zum adriatischen Raum, zu Städten wie Dubrovnik und Venedig und christlichen Heiligtümern in Apulien (Gargano). V. a. aber folgte er der gesellschaftlichen und politischen Entwicklung der italienischen und dalmatinischen Kommunen. Bis hinab nach Durrës bildeten sich Schwurgemeinschaften freier Bürger, die im 14. Jh. ihr Stadtrecht (Statuten) verschriftlichten und eigene Rechtsbezirke errichteten, in denen Bürger gegenüber Bauern des Umlands und Fremden bevorzugt waren. Diese Städte waren von Romanen, Albanern und Slawen bewohnt (Shkodra), Durrës nach Aussage eines irischen Reisenden (1322) von «*Lateinern, Griechen, tückischen Juden und barbarischen Albanern*». Im ausgehenden Mittelalter nahm die albanische Bevölkerung durch Zuwanderung aus dem Hinterland deutlich zu. Doch erst die osmanische Eroberung Nordalbaniens (1479), bei der die Bürger Shkodras geschlossen nach Venedig auswanderten und die stark romanische Bevölkerung von Drivasto massakriert wurde, setzte der ethnischen Vielfalt ein Ende.

Demgegenüber überlebte der byzantinische Stadttyp die osmanische Eroberung; er unterscheidet sich vom adriatischen dadurch, dass er kein Stadtrecht, keinen rechtlichen Unterschied zwischen Stadt- und Landbewohner kennt. Die Einwohner mochten sich ihrer Stadt zugehörig fühlen, rechtliche Auswirkungen aber ergaben sich daraus nicht. Als historisches Subjekt traten die Bürgerschaften nicht auf. Westlich der Berge waren diese byzantinischen Städte im Mittelalter sprachlich und kulturell stark griechisch geprägt, östlich der Berge – so besonders in Prizren, Skopje und Tetovo – lebten vereinzelt albanische Orthodoxe inmitten einer orthodoxen südslawischen Bevölkerung. Eine Sonderstellung nahmen die Bergwerksorte des Kosovo ein, darunter die größte Stadt des inneren Balkans, Novo Brdo, wo sich deutsche Bergleute («Sachsen»), Dubrovniker Kaufleute und Nordalbaner als katholische Gemeinschaft in einem slawisch-orthodoxen Umfeld niederließen und von den serbischen Königen als ausländische Spezialisten privilegiert wurden.

Der dritte Stadttypus im albanischen Raum, der osmanische, kannte weder Stadtrecht noch das Bewusstsein eines gemeinsamen öffentlichen Raumes oder ein besonderes Zusammengehörigkeitsgefühl der Einwohner im Sinne der mittelalterlichen *communitas*. Er kannte aber ein Überlegenheitsgefühl gegenüber Landbewohnern: Şehirli, d. h. Städter, zu werden galt (und gilt) als gesellschaftlicher Aufstieg. Die Bewohner osmanischer Städte lebten in vorwiegend nach Religionen getrennten Kleinvierteln (mahalle), die sich um eine Moschee, Kirche oder Synagoge lagerten, und begegneten sich im Wesentlichen nur im Geschäfts- und Wirtschaftsleben. Die Stadtbewohner waren dem Sultan – oder einem Pfründenbezieher – zu Steuerleistung verpflichtet. Als Gegenleistung für den Unterhalt von Festungen und Kriegsdienste erließen die Sultane den Städtern bisweilen die drückenden Sondersteuern ganz oder teilweise, so im 17. Jh. in Berat und Shkodra; doch entgingen die Städter Fronleistungen nicht, wie etwa Transport- und Spanndiensten für osmanische Würdenträger. Die osmanische Stadt zeichnet sich auch durch eine heute noch sichtbare architektonische Ausgestaltung aus: Moscheen, islamische Religionsschulen, gedeckte Märkte (Bedesten), Bäder (Hamam), Armenküchen (Imaret), kunstvolle Brücken verliehen den Städten des albanischen Raumes ein neues, orientalisch-islamisches Antlitz.

An den Namen der Mahalle, der Viertel, lassen sich die regionalen Unterschiede der religiösen und ethnischen Zusammensetzung der städtischen Bevölkerung im südwestlichen Balkan gut ablesen: 1468 zählte Monastir 463 steuerpflichtige Häuser (davon 160 christliche), die in folgende Mahalle gegliedert waren: Demirci Yusuf, Ismail, Kara Hamza, Bürekçi Ali, Alaedin, Tabak Devlethan, Saraç Daut (alle muslimisch) und Dabiživ (slawisch-christlich). In Paramythiá (Hágios Donátos) im Sancak Delvina (bei Korfu) lebten 1551 rund 4500–5000 Menschen in 600 Häusern, die in die Viertel Paramita, Paskal, Hagia Paraskevi, Cezma, Murkia (oder: Morfia), Murkotelo und Agitopulo mit 700, 330, 900, 760–800 bzw. 430 Einwohnern aufgeteilt waren. Der nördlich davon gelegene große

Handels- und Kriegshafen Vlora bot um 1520 ein besonderes Bild, da hier viele Juden von der Iberischen Halbinsel vorübergehend eine neue Heimat gefunden hatten: Die Stadt zählte 13 jüdische Mahalle (mit rund 2600 Einwohnern), die nach Herkunftsgebieten der Zuwanderer (Katalonien, Spanien, Portugal) benannt waren. Die anderen Mahalle waren orthodox und verweisen auf einen starken byzantinisch-orthodoxen Einfluss bzw. griechische Bevölkerung (Kakuri, Patropulos, Apsiton, Papa Mihal, Thomai), eines war wohl von fränkischen Kaufleuten bewohnt (Yorgi Venedik). Die Mahalle der Minenstadt Novo Brdo im östlichen Kosovo trugen noch im 16. Jh. Namen, die an jene deutschen Bergleute und Handwerker erinnerten, die hier einst nach Silber geschürft und zumeist den orthodoxen Glauben und die serbische Sprache angenommen hatten (Ivaniš Schuster, Nikola Schneider, Pop Schneider).

Die Osmanen übernahmen im Süden und östlich der Berge die meisten Städte ohne größere Zerstörungen – so Gjirokastra, Berat, Vlora, Skopje oder Prizren; im Norden hingegen hatten sie die alte katholische Städtewelt fast völlig verwüstet. Mittelalbanien bildete stets einen Sonderfall, da der bedeutende Hafen Durrës in seinem Umfeld kaum Raum für weiteres städtisches Leben gelassen hatte. Ein schweres Erdbeben, bei dem 1267 die meisten der angeblich 24 000 Einwohner getötet wurden, die Versumpfung des alten Kanalsystems und die Ausbreitung der Malaria ließen die einst stolze Stadt zu einem Hafendorf verkümmern. Die Osmanen wandelten in den eroberten Städten die Hauptkirchen in Moscheen um und setzten schon im 15. Jh. neue architektonische Akzente. Die rasch islamisierten Städte östlich der Berge erhielten bis um die Mitte des 16. Jh.s ein orientalisches Gepräge, das in den überwiegend orthodoxen Städten südwestlich der Berge vorerst fehlte. Ganz neue Wege gingen die Eroberer in Mittelalbanien, wo Mehmed II. im Spätsommer 1466 in Windeseile die Festungsstadt Elbasan als Zwingburg gegen Skanderbeg errichten ließ. Überhaupt verlagerte sich in Mittelalbanien das städtische Leben von der Küste in das Hinterland, d. h. in das weitere Umfeld der Via Egnatia, neben Elbasan auch Kavaja, Kruja und Tirana, im Südosten v. a. Korça. Nach dem Ende der Eroberungszeit wuchs die städtische Bevölkerung des südwestlichen Balkans deutlich an. Um 1500 hatte Vlora als größte Stadt westlich der Berge rund 1200 Häuser, d.h. etwa 4800 Einwohner – davon rund 1700 Juden –, gezählt, Berat rund 600 Häuser, Kruja und Gjirokastra nur je 150. Ein Jahrhundert später erfasste die osmanische Verwaltung in Berat 1000 Häuser, für Kruja, Gjirokastra und Delvina zwischen 200 und 350 Häuser, während östlich der Berge Prizren 557 Häuser, Priština 506 Häuser, die Minenorte Trepça und Novo Brdo 447 bzw. 336 Häuser und Vučitrn gerade einmal 286 Häuser besaßen. Den Höhepunkt erreichte die städtische Entwicklung im 17. Jh.: Elbasan mit 4000 Häusern und 28 Mahalle, Prizren mit 3620 Häusern, Berat mit 2000, Priština, Gjirokastra und Shkodra mit je rund 2000 Häusern, während Vlora mit 1300 Häusern seine Spitzenstellung verloren hatte. Das Wachstum kam stark durch Zuwanderung aus ländlichen Gegenden zustande. Nach Gjirokastra wanderten zwischen ca. 1430 und 1520 zahlreiche christliche Handwerker ein sowohl aus dem Süden (Ioánnina), von der Adriaküste (Delvina) wie dem bergigen Hinterland (Labova, Tepelena). Die großen Städte in den Ebenen wie Berat und Elbasan zogen demgegenüber muslimische Zuwanderer an, die die Islamisierung vorantrieben. Am stärksten wurde das 1479 geräumte Shkodra verändert, da sich dort v.a. Muslime niederließen und Katholiken erst allmählich wieder von den Bergen her in ihrer alten Metropole Fuß fassten.

Ausbau und Bedeutung einer osmanischen Balkanstadt verdeutlicht das Beispiel Prizrens, das bis 1945 die einzige echte Stadt im heutigen Kosovo darstellte. Hier saß seit 1555 ein Sancakbey, und hier prägten große muslimische Stifter das Stadtbild. 1513 ließ der gelehrte Suzi eine Bibliothek einrichten, er erbaute auch eine Moschee, eine Schule, einen Brunnen und eine Brücke; auf die Stiftungen Kukli beys folgte um 1550 Mehmed Pascha, der eine Moschee, eine religiöse Schule (Medrese) und ein Bad (Hamam) errichten ließ. Die Stifter übergaben der Moschee und ihren Gelehrten wertvolle Handschriften, darunter einen persischen Kommentar des Korans. Der Prizrener Ayan Mehmet Pascha Rotull (1806–1836) fügte eine weitere Medrese mit acht Schlafplätzen für die Schüler hinzu. Um die Mitte des 19. Jh.s zählte Prizren als bedeutendster

Kulturort östlich der Berge 17 osmanische Knabenschulen, neun osmanische Mädchenschulen, eine neue Rüşdiye-(Ober-)Schule sowie je eine Schule für die Orthodoxen und die Katholiken der Stadt. Nicht zufällig erschien hier 1871 eine der ersten Zeitungen des inneren Balkans, die türkisch-serbische «Prizren». Prizren ist auch Heimat bekannter osmanischer Dichter wie des erwähnten Suzi, der den osmanischen Feldherrn Ali bey Mihaloğlu besang.

Gemeinsam war den Orten nicht nur die Gliederung in Mahalle, sondern auch die Organisation der Handwerker in Zünften (osman. esnaf). Den Esnaf kam dabei nicht nur die Rolle zu, Lehrlinge auszubilden, die Güte der Waren zu überwachen und übermäßige Konkurrenz einzudämmen; muslimische Zunftangehörige waren auch in bestimmten Fällen für die Verteidigung von Küstenburgen verantwortlich, so hatten die Elbasaner Zünfte bei Angriffen Durrës und den Stapelplatz Bashtova zu schützen. Die Zünfte vergaben auch Kredite. Die orthodoxen Zünfte von Moschópolis und Korça errichteten Kirchen und förderten – entsprechend der im griechisch-orthodoxen Raum ausgeprägten Tradition des konfessionellen Mäzenatentums – die kirchliche Kultur. In Elbasan und Shkodra bestanden im 17./18. Jh. 30 Zünfte, in Berat 22, in Korça 20, in Moschópolis 14. Die Vielzahl der Zünfte steht in engem Zusammenhang mit der Blüte des Handwerks in wichtigen Städten. Im ausgehenden 16. Jh. blühten in Prizren 45 verschiedene Handwerkszweige in 241 Läden, in Prishtina 28 in rund 100 Läden, in Peja und Vučitrn rund 22 in 68 bzw. 59 Läden – Schneider, Schuster, Wagenmacher, Bäcker, aber auch Schmiede prägten den Handwerkerstand in Prizren.

Durch die verkehrsgünstig gelegenen Orte an Karawanenstraßen und der Küste verliefen unter der *pax ottomanica* Handelsströme über die Via Egnatia und die Pässe zwischen Kosovo und Nordalbanien. Die Häfen knüpften an mittelalterliche Handelstraditionen an und belieferten Italien mit Getreide und Holz; muslimische wie christliche Kaufleute besuchten die adriatischen Häfen, Venedig, im 18. Jh. aber auch die Häfen und Messen im Kirchenstaat (Ancona, Senigallia, Lanciano); dabei entstand in Shkodra erneut eine wohlhabende katholische Kaufmannschaft, die europäische Einflüsse übernahm und eine spezifische Shkodraner Variante albanischer – stark katholischer – Kultur pflegte. Das im Mittelalter noch blühende Bergwerkswesen (Silber, Blei) östlich der Berge verlor wegen der Erschöpfung der Minen im 17. Jh. hingegen an Bedeutung. Handwerk, Handel und Bergbau dürfen aber nicht vergessen machen, dass gerade die kleineren Orte mehrheitlich von der Landwirtschaft lebten: In Gjirokastra arbeiteten zwar Kürschner und Silberschmiede, doch ernährten sich die meisten Einwohner im 16. Jh. von Garten- und Ackerbau.

Neben diesen einwohnerstarken Städten stiegen im 18. Jh. Dörfer zu Kleinstädten auf, zum einen das muslimisch geprägte Tirana, v. a. aber die stark von orthodoxen Aromunen bewohnten Handelsorte im heutigen Südostalbanien, das christlich-muslimische Korça, v. a. aber das südwestlich davon auf einer abgelegenen Hochebene versteckte Moschópolis/alb. Voskopoja. Es bestand bis zu seiner endgültigen Zerstörung durch muslimisch-albanische Räuberbanden (1788) als aromunische Handelsstadt mit Verbindungen bis nach Österreich, Deutschland und Italien, als Sitz auch einer «Akademie» (Griechischschule) und einer Druckerei. Die Stadt wurde im 19. Jh. zu einem Erinnerungsort von Aromunen, Griechen, Albanern und auch Makedobulgaren, die in ihr einen Vorposten der Zivilisation und nationaler Hochkultur sahen. Moschópolis bildet aber auf dem Balkan typologisch keinen Sonderfall, da orthodoxe Handels-, Handwerks- und Bildungszentren im 18. und frühen 19. Jh. auch in der Landschaft Makedoniens entstanden, im bulgarischen Balkangebirge und in gebirgigen Regionen Thessaliens, also dort, wo sich die orthodoxe Bevölkerung der Bedrückung durch die osmanische Verwaltung und Muslime entzog. Im 19. Jh. bildete Shkodra das bedeutendste wirtschaftliche und kulturelle Zentrum im albanischen Teil des osmanischen Balkans; östlich der Berge kam diese Stellung Prizren zu. In der Toskëria hingegen fehlte eine derart herausragende Stadt – Berat, Vlora und Gjirokastra hielten sich etwa die Waage, während sich gegen Ende des 19. Jh.s Korça mit den weit gespannten Handelsbeziehungen und der starken Emigration seines orthodoxen Einwohnerteils (nach Rumänien, Ägypten und dann auch die USA) zum lebendigsten Zentrum entwickelte.

Mit Evliya Çelebi durch Arnavud-ili

Niemand führt dem heutigen Leser die osmanische Stadtkultur im südwestlichen Balkan des 17. Jh.s in so leuchtenden Farben vor Augen wie der berühmte Weltenbummler Evliya Çelebi, der zeit seines Lebens das Osmanische Reich durchstreifte und teils genaue, teils fabelartige Berichte erstellte. In Vlora etwa staunte er über die Festung mit angeblich 500 Geschützen – damals im Krieg gegen Venedig zum Schutz des Hafens nötig –, die Unterstadt mit 1000 Häusern, Gärten mit Reben, Rosen, Zitronen, Orangen, Oliven und Feigen. Wie in allen Orten, die er besuchte, beschrieb Evliya auch die Einwohner und ihre materielle Kultur: Knaben und Mädchen von Vlora gefielen ihm ausnehmend; die Burschen seien alle Räuber, die eng anliegende Kleider trügen; sie seien stets bereite Gazis (Glaubenskrieger), die wie Derwische des Kalenderordens aussähen, ohne Hemd, barfuß und barhäuptig, mit Brandmalen auf dem Kopf und klaffenden Wunden; überhaupt wim-mele die Stadt von Derwischen des Halvetiyeordens, die barfuß, ohne Kopfbedeckung in härenen Gewändern umhergingen. Wenn die Einwohner von Vlora sich setzten oder aufstanden, sagten sie «Oh Muhammed, oh Ali» und verrieten damit alidische (schiitische) Sympathien. Im Basar von Vlora zählte Evliya 417 Läden, dazu einen Anlageplatz venezianischer Kaufleute. Der reisende Feinschmecker delektierte sich an der reichen Küche, an Karpfen, Meeräschen und Fischrogen, an Zitrusfrüchten und Trauben, dem «reyhania» genannten Wein; er lobte den Honig, mit dem köstliches Şerbet und Pudding gesüßt wurden. Das Salz, geerntet von christlichen Bewohnern des nahen Dorfes Zvërnec, sei sehr weiß und schmecke gut, erzählt Evliya, ausgeführt werde es nach «Frengistan» («Frankenland», das katholische Abendland). Vlora lebte nicht nur vom Hafen und von den Salinen, sondern auch vom Bergbau, Eisen und Gips; im nahen Kanina würden gute Mühlsteine gebrochen; das Erdpech wirke gut gegen Würmer. Bei all seinen Vorzügen litt Vlora unter empfindlichem Wassermangel, was die Einwohner zwang, eine halbe Stunde zu gehen, um an Wasser zu gelangen.

Im epirotischen Binnenland, im breiten Dropulltal, lag Ergiri qasri, das Gjirokastra der Albaner und Argyrókastron der Griechen, mit seinen 2000 Häusern steil auf felsigem Grund, verteilt auf acht Hügel, mit alter Burg, zweistöckigen Steinhäusern mit Eisentoren, Schieferdächern, Alkoven und Aussichtsfenstern. Acht Gebetsnischen zählte die Stadt, drei islamische Religionsschulen, fünf weitere Schulen, drei Derwischklöster, 200 Läden, fünf gute Brunnen – obwohl auch hier die Stadt Mangel litt und die Einwohner in die Ebene zum Fluss hinabsteigen mussten –, zahlreiche private Bäder; die Christen besaßen drei kleine Kirchen. Die Einwohner beschreibt Evliya als besonders kriegerisch, selbst die ältesten Männer trügen Waffen und gingen in das Gebirge des Kurvelesh, um dort christliche Rebellen zu bekämpfen. Die Männer wirkten düster, viele verehrten Ali, tranken ohne Scham berauschende Getränke und gingen an Feiertagen mit hübschen Knaben spazieren; zwar betone die Männermode die Geschlechtsteile, doch seien die Gjirokastriten, so Evliya, eine Kriegerrasse, die keinen unsittlichen Verkehr mit Knaben und Mädchen unterhalte. Am liebsten aber war dem Reisenden Elbasan, das mit seinen Promenaden und Wasserfällen, Gartenanlagen und lauschigen Plätzen dem Lebensgefühl eines osmanischen Edelmanns entsprach: Bei einem Pavillon außerhalb der Stadt trafen sich nachmittags Liebespaare unter großen, Schatten spendenden Bäumen; bei den wuchtigen Felsen von Buzurshek, wo die Osmanen einst Skanderbeg besiegt hatten, erstreckte sich zwischen Wiesen, Wasserläufen, Spalieren und Rosengärten ein Park mit kleinen Lokalen; in diesem Paradies, das *«nicht seinesgleichen hat in der Türkei, Arabien und Persien»*, besangen Liebhaber *«schöne Knaben …, deren Lippen wie Rosen und Kirschen sind»*.

Lebenswelten des Glaubens

Keine andere Ethnie des Balkans ist so stark islamisiert worden wie die Albaner. Gründe, Verlauf und Deutung des Glaubenswechsels beschäftigen die albanischen Gesellschaften heute stärker denn je. Im heutigen albanischen Selbstverständnis bestimmen mehrere tief verwurzelte Überzeugungen das Bild von Religion: Die Albaner seien religiös indifferent oder nur oberflächlich religiös, sie seien besonders tolerant und hätten stets die Nation über die Religion gestellt. Die Axiome albanischer Nationalidentität wurden im 19. Jh. von den Vordenkern einer Nationalbewegung geschaffen, die Angehörige von drei Glaubensrichtungen – Islam (mit dem Derwischorden der Bektashi), orthodoxes und katholisches Christentum – zu einer Nation zusammenfügen wollten, und dies in einem regionalen Umfeld, in dem die religiöse und die nationale Zugehörigkeit zusammenfielen: Ein Grieche, ein Bulgare, ein Montenegriner waren immer orthodox. Als mehrheitlich muslimisches Volk in Europa stellen die Albaner heute die Frage nach ihrer religiösen und kulturellen Identität, eine Debatte, die sehr emotional geführt wird. Eine wissenschaftliche Darstellung der großen religiös-kulturellen Verwandlung der albanischen Gesellschaften in osmanischer Zeit muss die von der Forschung erarbeiteten vielschichtigen Deutungsmuster vermitteln.

Lebenswelten der Orthodoxie

Noch um 1600 waren mehr als 90% der Albaner Christen; die meisten gehörten dem orthodoxen Ritus an und unterstanden den Kirchen von Peć und Ochrid. Als Institution hatte die orthodoxe Kirche den Widerstand nicht in gleichem Maße getragen wie die katholische Geistlichkeit. Antiwestliche Strömungen sahen in einer weltlichen osmanischen Herrschaft im Vergleich zu einer Kirchenunion und der Unterwerfung unter den Papst das geringere Übel. Dem islamischen Staatsmodell entsprechend, vertrat der Patriarch von Konstantinopel die orthodoxe Gemeinschaft gegenüber dem osmanischen Staat und übernahm nach innen auch die zivile Rechtsprechung und die Einziehung von kirchlichen Abgaben. In Regionen, in denen wenig gekämpft worden war, hielt sich ein recht dichtes Netz von Bistümern und Priestern, dort funktionierten die Gemeinschaften deutlich besser als im katholischen Norden. In der Kirchenorganisation trat jedoch eine Änderung ein, die weitreichende Folgen zeitigte: Mit dem Ende serbischer Staatlichkeit (1459) war auch das Patriarchat von Peć untergegangen, das alle Orthodoxen des Kosovo verwaltet hatte. Teile des alten Pećer Sprengels fielen an das autokephale Erzbistum Ochrid, das in bulgarischer Tradition stand, aber stark griechisch beeinflusst war. Ochrid sorgte für die meisten Orthodoxen im südwestlichen Balkan, allein der Metropolit von Ioánnina unterstand dem Patriarchen von Konstantinopel. Im Kosovo aber vermochte Ochrid die dichte Kirchenverwaltung der serbischen Patriarchen nicht zu ersetzen. Als die Osmanen 1557 das serbische Patriarchat wiedererrichteten, hatte der Islam dort bereits stärkere Fortschritte gemacht als in Südalbanien mit seiner intakten Kirchenstruktur. 1766/67 wurden die Regionalkirchen von Peć und Ochrid aufgelöst und ihre Kirchenprovinzen dem Patriarchen von Konstantinopel unterstellt, der damit unter dem Schirm des Sultans seine Macht auf alle Orthodoxen im Osmanischen Reich ausdehnte. Das Patriarchat von Konstantinopel entwickelte sich zu einer tragenden Säule des Osmanischen Reiches.

«Die Hagarener (Muslime, O. S.) waren sehr duldsam, bis Konstantinopel fiel (1453; O. S.); dann wurden sie den Christen gegenüber zu wilden Wölfen. Sie zerstörten Kirchen und Klöster; sie zerstörten Phoinikúpolis (Finiq, O. S.) und Kónitsa, sie vertrieben die Christen aus Gjirokastra, brannten die Häuser nieder, töteten viele Christen» – so dramatisch zugespitzt fasst eine volksgriechische Chronik die Erfahrung zusammen, dass die Osmanen ihre Haltung gegenüber der Kirche den politischen Machtverhältnissen anpassten. Tatsächlich erhöhte sich nach der Festigung der osmanischen

Herrschaft auch der Druck auf die Orthodoxie. Der hohe orthodoxe Klerus in Konstantinopel und vielerorts auch in den Provinzen stützte die Sultansmacht aber als Garanten gegen abendländischen Einfluss, gegen den sich besonders in der zweiten Hälfte des 18. Jh.s eine breite orthodoxe Mönchsbewegung (Kollyvaden) ausbildete. Einzelne Kirchenfürsten, besonders in Peć, und auch niederrangige Geistliche führten jedoch mehrfach Aufstände gegen die Osmanen an, die zumeist brutal niedergeschlagen wurden: Bischof Dionýsios von Tríkala wurde von den Osmanen 1611 gehäutet. Das Patriarchat von Konstantinopel, das durch seine räumliche Nähe zum Sultan besonders gefährdet war, konnte derartige Bewegungen nicht unterstützen.

In der segmentären Gesellschaft des Osmanischen Reichs bildeten orthodoxe Kirche und orthodoxe Gemeinschaft einen bedeutenden Machtfaktor. Dass die Orthodoxie besonders in Südalbanien blühte, lässt sich an der regen Kirchenbautätigkeit ablesen (die nach islamischem Recht eigentlich verboten war): Allein im Dropulltal um Gjirokastra wurden im 16. und 17. Jh. elf neue Klöster gestiftet, weswegen man von einem «kleinen Berg Athos» sprach. Seit dem frühen 16. Jh. wurden ebenfalls im heutigen Südalbanien viele kleine Kirchen errichtet, die ein unscheinbares Äußeres besitzen, im Innern aber mit schönen Freskenprogrammen geschmückt wurden (so in Poliçan, Leshnica e sipërm, Peca, Boboshtica, Goranxi). Im orthodoxen Süden wirkten bekannte schulbildende Maler wie Onúphrios (alb. Onufri); um 1600 folgten Meister aus der epirotischen Malschule, kurz darauf blühte die Malschule von Berat. Diese standen in enger Beziehung zu Zentren orthodoxer religiöser Kunst auf den nahen Ionischen Inseln, aber auch auf Kreta. Einen Höhepunkt erreichte der Kirchenbau im Süden in der zweiten Hälfte des 18. Jh.s, als zwischen 1760 und 1799 allein um Gjirokastra 70 neue Kirchen errichtet und zahlreiche andere repariert wurden. Orthodoxer Klerus, orthodoxe Zünfte und Kaufleute festigten auch die Grenzen der Gemeinschaft nach außen, gegenüber osmanischen Würdenträgern, aber auch gegen Katholiken und Juden. Besonders im 18. Jh. zogen Prediger wie Nikólaos Térpos und Kosmás Aitolós durch Epirus und Südalbanien und mahnten die Orthodoxen zu Glaubenstreue. Kosmás führte regelrechte «geplante Kampagnen» (Ioannis Zelepos) durch, bei denen an die Gläubigen Nahrung, Kerzen und religiöse Schriften verteilt wurden; angeblich soll Kosmás rund 500 000 Kreuze und Gebetsketten sowie 40 000 Kopftücher verschenkt oder verkauft haben. Seine apokalyptischen Predigten erweckten tiefen Eindruck, und es war wohl dieser Einfluss des Mönchs, der zu seiner bis heute nicht restlos geklärten Ermordung in Berat im April 1779 führte.

Die orthodoxe Gemeinschaft im südwestlichen Balkan umfasste mehrere Sprachgruppen: Im Gebiet des Patriarchats von Ochrid lebten orthodoxe Albaner, Makedobulgaren, Griechen, Vlachen und Roma; im Bezirk der Metropolie Ioánnina orthodoxe Griechen, Vlachen, Albaner, einige wenige Slawen und Roma; im Sprengel des Patriarchen von Peć orthodoxe Serben, Albaner, Vlachen und Roma. Im Osmanischen Reich bestimmte Religion, nicht Sprache, die Zuordnung und das Selbstverständnis. Sprachliche Unterschiede wurden sehr wohl wahrgenommen, doch verlief die primäre Abgrenzung nicht zwischen einem orthodoxen Albaner und einem orthodoxen Griechen, sondern zwischen albanischen Christen und albanischen Muslimen, und innerhalb der Christen zwischen albanischen Orthodoxen und albanischen Katholiken. Die orthodoxe Gemeinschaft reichte also über Sprachgrenzen hinweg und band alle Gläubigen ein. Freilich bestand eine Hierarchie der Sprachen, da als Liturgiesprachen das Griechische und das Kirchenslawische verwendet wurden, nicht aber das Albanische oder Aromunische. Im 18. Jh. förderten einzelne orthodoxe Geistliche und Gelehrte das Griechische: «*Sprich' nicht Albanisch*», predigte Kosmás seiner vielsprachigen Hörerschaft, doch darf dies nicht einfach als nationale Propaganda gewertet werden, denn der Mönch setzte albanisch und muslimisch gleich und wollte durch eine gemeinsame Sprache die vielsprachige orthodoxe Gemeinschaft festigen. Im orthodoxen Milieu Mittel- und Südalbaniens fanden albanische Kulturströmungen Ausdruck in örtlichen bzw. kleinregionalen Sonderalphabeten, die aus der griechischen Schrift hervorgegangen waren und für die Buchhaltung von Kaufleuten ebenso dienten wie für religiöse Gedichte (v. a. in Elbasan das Alphabet des

Theodor Haxhifilipi, genannt Dhaskal – «Lehrer» von griech. Didáskalos – Todri, aber auch in Berat). Damit orthodoxe Albaner und Aromunen dem neugriechisch gehaltenen Schulunterricht im orthodoxen Süden folgen konnten, verfasste Theódoros Kavallíotis 1770 ein dreisprachiges Wörterbuch («Protopeiría», etwa «erste Kunde») und der Magister Daniíl Chatzís ein «Einführendes Lehrbuch». Aus dem gesamtbalkanischen orthodoxen Kulturmilieu – mit Bezügen in die Walachei – hervorgegangen ist jenes Alphabet, das Naum Veqilharxhi 1844 entwickelte und das bereits in den Zusammenhang der beginnenden albanischen Nationalbewegung gehört.

Wie vielschichtig Identitätsbezüge von Orthodoxen im osmanischen Südalbanien waren, zeigt eine Eingabe der orthodoxen Männer der Himara an die – orthodoxe – russische Zarin Katharina II. (1759): «... *unser Glaube ist orthodox, uns leitet ein Bischof; geistlich sind wir dem Patriarchen von Konstantinopel unterstellt. Wir sprechen die albanische Sprache, gleich wie im benachbarten Albanien und Bosnien. In vielen Gegenden aber sprechen die Gebildeten Griechisch; die Herrenfamilien (Archonten) sprechen auch Italienisch, wegen der vielen Offiziere, die in fremden Staaten dienen, und wegen der jungen Leute, die an den Hochschulen von Padua und Neapel studieren. Unsere Verwaltung ist demokratisch und erfolgt durch das Volk; unsere Verhältnisse unterscheiden sich kaum von jenen der Montenegriner.*» Identität wurde in erster Linie durch den Glauben hergestellt, das Bewusstsein um Sprache war aber ebenfalls vorhanden. Deutlich wird, dass der räumliche Blick der Elite aus Himara Italien und den ganzen westlichen Balkan umfasste. Sie verglich ihren Rechtsstatus mit einer anderen autonomen orthodoxen Bergregion, dem südslawischen Montenegro, das bereits jene russische Hilfe bezog, die die Himarioten erbaten.

In Konflikten gab nicht die ethnische Zugehörigkeit, sondern die Religion den Ausschlag. Zahlreiche Arvaniten beteiligten sich am griechischen Aufstand gegen die Osmanen, die zur Niederschlagung albanische Muslime – allerdings auch katholische Mirditen – einsetzten. Im September 1828 kämpfte einer der berühmtesten albanischstämmigen Freischärler, der Suliote Kítsos Tzavéllas (alb.

Kiço Xhavella), gegen den osmanischen Derven-aga (Passhauptmann) von Krávari, Ahmet Nepravishta, einen albanischen Muslim. Als Tzavéllas den Osmanen zur Kapitulation aufforderte, schrieb ihm dieser: «*Viel will ich dir nicht sagen; geh', woher du gekommen bist, du Waisenkind ... Kitso, mein Bursche, ich weiß, dass du Albaner bist wie ich; wo du zum Teufel das ganze Griechisch gelernt hast, weiß ich freilich nicht.*» Der Appell des albanischen Muslims in osmanischen Diensten an eine Sprachgemeinschaft erreichte den orthodoxen albanischsprachigen Sulioten nicht, der seiner Glaubensgemeinschaft folgte und in Nepravishta nicht einen albanischen Landsmann, sondern einen muslimischen Feind sah. Wie kompliziert diese Welt war, zeigt ein weiteres Beispiel aus dem griechischen Freiheitskampf: Der Suliote Márkos Bótsaris (alb. Boçari) wollte im August 1823 nachts einen osmanischen (muslimisch-albanischen) Befehlshaber töten, verfehlte dessen Zelt und wurde von katholischen Mirditen in Diensten des Sultans niedergemacht. Bótsaris wurde zu einem Nationalhelden Griechenlands, seine für ihre Schönheit berühmte Tochter Katharina eine Hofdame der Wittelsbacher in Athen.

Der Zusammenhalt der Glaubensgemeinschaft nach innen und die Abgrenzung nach außen kennzeichneten auch das Heiratsverhalten – und zwar aller Religionen. Der Glaube umriss die Gruppe möglicher Ehepartner, die im Einzelnen nach Familienzugehörigkeit, Wohlstand oder Zugehörigkeit zu einem Dorf gewählt wurden. Dies bedeutet nicht, dass die orthodoxe Gemeinschaft etwa eine ethnische Gruppe gebildet hätte oder sich Angehörige verschiedener Ethnien der Sprachunterschiede nicht bewusst gewesen wären – nur waren sie bis weit in das 19., bisweilen auch das 20. Jh., nicht primär handlungsleitend. Bei Heiraten innerhalb der eigenen Religionsgemeinschaft konnte es wohl auch zum Sprachwechsel kommen, der aber nicht als bewusste Nationalisierung verstanden werden darf. Vielmehr erfolgte eine Anpassung von Sprachgruppen innerhalb religiöser Gemeinschaften an die zahlenstärkere oder prestigereichere: Östlich der Berge, wo die albanischen Orthodoxen in großer Zahl zum Islam übergingen, heirateten die verbliebenen albanischen Orthodoxen vermehrt serbische Orthodoxe und passten sich langfristig auch sprachlich an. Ein ähnlicher Prozess ist noch im 20. Jh. bei albanischen Orthodoxen im heutigen Makedonien zu beobachten. Im Süden genoss bei Aromunen wie orthodoxen Albanern bis in das 20. Jh. das Griechische als Sprache hohes Ansehen; entsprechend erfolgte die – oft freiwillige – Anpassung. Nach der albanischen Staatsgründung passten sich in ähnlicher Weise viele Aromunen dem Albanischen an.

Die enge Welt der albanischen Katholiken

Für die katholische Kirche im albanischen Norden gelten viele dieser Beobachtungen nur eingeschränkt oder gar nicht. Nichtalbanische Katholiken gab es kaum, von der slawischen katholischen Gemeinde in Janjevo (Kosovo) einmal abgesehen. Glaube und Sprache fielen zusammen. Wie die Orthodoxen waren auch die Katholiken Teil einer viel größeren Glaubens- und Kulturwelt auf dem Balkan und im Adriaraum; die Verbindungslinien über Kirche und Handel (Shkodra, Prizren) freilich waren dünn. Nach der osmanischen Eroberung blieben die Bistümer lange verwaist und wurden von Titularbischöfen verwaltet; in Lezha und Shkodra amtierten erst 1575 wieder Bischöfe – in Sappa 1582, in Durrës 1640 und in Pulati 1668 –, die aber alle ihren Sitz in Dörfern hatten. Besonders die Weltgeistlichkeit war vom osmanischen Druck hart getroffen; Zahl und Bildungsstand der Priester befanden sich in der Frühen Neuzeit auf einem tiefen Niveau, was den Bestand der Gemeinden stark gefährdete. Zusammengehalten wurde die katholische Kirche auf dem ganzen osmanischen Balkan von der 1622 geschaffenen Congregatio de propaganda fide (Kongregation zur Glaubensverbreitung) mit Sitz in Rom. Diese überwachte durch regelmäßige Inspektionen die katholischen Kirchen in nichtkatholischen Gebieten. Der oft landfremde hohe Klerus war im Allgemeinen auf ein gutes Verhältnis zu den osmanischen Behörden bedacht, und in einem Augenblick besonders guter Beziehungen zum Statthalter von Shkodra wurde das sog. Albanische Nationalkonzil von 1703 abgehalten, das innerkirchliche Missstände abstellen sollte. Eine Ausnahme bildeten albanische Geistliche wie Pjetër Budi und

Pjetër Bogdani, die sich an die Spitze letztlich erfolgloser Aufstände stellten.

Für die nordalbanischen Katholiken, v.a. den Klerus, bildeten aber nicht nur Rom und Italien einen wichtigen Bezugspunkt, sie waren auch eng mit der wichtigsten katholischen Gemeinschaft auf dem westlichen Balkan verbunden, den Katholiken in Bosnien. Sowohl bei katholischen Albanern wie bei katholischen Bosniern nahm der Franziskanerorden eine herausragende Stellung bei der Betreuung der Gläubigen, aber auch der Pflege eines regionalen konfessionellen Geschichtsbewusstseins ein. Die Bedeutung der katholischen Geistlichkeit reichte dabei weit über den religiösen Bereich hinaus: Albanische Schriftlichkeit wurde zwischen dem 16. und 18. Jh. v.a. von katholischen Geistlichen gepflegt und von der Propaganda bzw. katholischen Druckereien verbreitet. Von der bosnisch-katholischen Kultur gingen wichtige Anstöße in das katholisch-albanische Milieu; so stammen Sonderzeichen im ersten gedruckten albanischen Buch, Buzukus «Meshari», aus der Bosančica genannten Schrift; führende Vertreter der katholisch-nordalbanischen Kultur wie Gjergj Fishta, ebenfalls ein Franziskaner, oder Ndre Mjeda (1866–1937) hatten ihre Ausbildung in bosnischen Klöstern erhalten und waren dort mit der bosnischen Variante eines konfessionell bestimmten, antiorthodoxen Nationalismus vertraut geworden. Wie die Orthodoxen über das griechische bzw. kyrillische Alphabet hatten die Katholiken über das lateinische Alphabet teil an einer großräumigen Kulturgemeinschaft.

Die katholischen Hochlandgebiete des Nordens waren jedoch deutlich ärmer als der orthodoxe Süden; ein Wohlstands-, aber auch Bildungsgefälle trennt bis heute das katholische nordalbanische Bergland von den Orthodoxen Südalbaniens, die über Handel und Auswanderung starke Außenbeziehungen besaßen. Einzig die Katholiken Shkodras waren in osmanischer Zeit ähnlich stark mit der Außenwelt verbunden.

Wie die Albaner eine mehrheitlich muslimische Gesellschaft wurden

Nicht die beiden christlichen Kirchen, sondern der Islam prägte in osmanischer Zeit zunehmend den südwestlichen Balkan. Wie auch in anderen Teilen Südosteuropas trat er in Gestalt des sog. Moschee-Islam, also einer sunnitischen «Orthodoxie», und des mit diesem vielfach verbundenen sog. Tekke-Islam auf, d.h. mit Derwischorden, deren Angehörige in Ordenshäusern (Tekken) zusammenkamen. Wenn Evliya Çelebi erzählte, dass viele Albaner schon vor Mehmed II. (1451–1481), spätestens aber unmittelbar nach der Eroberung den Islam angenommen hätten und nur Berggebiete wie Montenegro, Këlmendi und Kurvelesh dem alten Glauben treu geblieben seien, so ist dies eine Legende, die jener vom angeblichen sofortigen Massenübertritt der Bosnier zum Glauben der Eroberer entspricht.

Die Islamisierung verlief vielmehr im gesamten südwestlichen Balkan nicht linear – wie auch in der ehemals christlichen und heute mehrheitlich oder ganz islamischen Ostmittelmeerwelt. Zu unterscheiden ist nach Region, Zeit, gesellschaftlicher und auch ethnischer Gruppe, nach Motiven und Rahmenbedingungen – Freiwilligkeit oder Zwang – des Glaubenswechsels; und zu unterstreichen ist, dass dieser Vorgang sich über ein halbes Jahrtausend erstreckte und erst zu Beginn des 20. Jh.s zum Abschluss kam. Rund 150–180 Jahre nach der osmanischen Eroberung hatte sich insbesondere im ländlichen Raum nur wenig verändert; die allermeisten Bauern waren Christen. Doch ist dieser allgemeine Blick ungenau. Um 1600 lassen sich erhebliche Unterschiede zwischen einzelnen Regionen und in diesen wiederum zwischen Stadt und Land erkennen. Tatsächlich waren wichtige Orte östlich der Berge – Prizren, Peja, Priština, Vučitrn, Kalkandelen (Tetovo), Ochrid, Struga – viel stärker islamisiert als Siedlungen im Südwesten wie Berat, Vlora, Gjirokastra, Kanina, Këlcyra, Delvina, Përmeti und Korça, die noch bis um 1550 fast rein christlich waren. Westlich der Berge ergab sich zusätzlich ein Nord-Süd-Gefälle: Die Städte des Nordens und der Mitte waren massiver zum neuen Glauben übergetreten als der Süden. Es zeichnet sich jene religiös-kulturelle Landkarte ab, die die albanischen Gesellschaften bis heute gliedert: ein fast ganz islamisierter Osten (Kosovo und heutiges Westmakedonien), ebenso die Mitte (Region Durrës-Kruja-Mat-Dibra), ein stark islamisierter Norden, in dem sich eine bedeutende katholische Gemeinschaft gehalten hat, und ein Süden, in dem sich die Orthodoxie stärker behauptet hat als die katholische Kirche im Norden. Diese regionalen Unterschiede erklären sich aus der jeweiligen Stellung der Kirchen – d. h. dem zeitweiligen Verschwinden des Patriarchats von Peć im Nordosten, der Schwächung und Ruralisierung der katholischen Kirche im Norden und in der Mitte, wohingegen im Süden die orthodoxe Hierarchie weitgehend unversehrt blieb.

Innerhalb der muslimischen Regionen ergab sich eine weitere Differenzierung in Gebiete, in denen die Sunniten vorherrschten, und Zonen, in denen der Derwischorden der Bektashi von Bedeutung war. In mehrheitlich sunnitischen Regionen konnten die religiösen Gegensätze stark sein. Besonders problematisch waren Gegenden, wo Religions- und Sprachunterschiede zunehmend zusammenfielen, etwa im Kosovo, wo um 1800 die meisten Muslime Albanisch, die meisten Orthodoxen aber Serbisch sprachen. Einzelne Regionen gelten bis heute als besonders sunnitisch-traditionalistisch, so Teile des heutigen Makedonien (Tetovo, Skopje, Kumanovo). Sie wurden von einem österreichischen Konsul 1873 als die «*Intolerantesten und Zurückgebliebensten*» eingestuft; im heutigen inneralbanischen Diskurs werden nicht selten ähnliche Meinungen vertreten, wobei auf den im Vergleich zu den Sunniten in Mittel- und Südalbanien besonders tiefen Bildungsstand vieler makedoalbanischer Muslime hingewiesen wird.

Das regional sowie in Stadt und Dorf unterschiedliche Voranschreiten der Islamisierung wird von Zahlen aus osmanischen Steuerverzeichnissen veranschaulicht. Zu beachten ist dabei, dass Gläubige nicht uneingeschränkt mit Angehörigen ethnischer Gemeinschaften verwechselt werden dürfen. Östlich der Berge zählte 1477 Priština 350 christliche und 51 muslimische Häuser; 1566/74 waren es 199 christliche und 307 muslimische Haushaltungen (HH). Peć beherbergte 1485 105 christliche und 33 muslimische HH, 1582 aber 142 muslimische und nur noch 15 christliche. Im Sancak Vučitrn waren in den Städten die Christen noch am Ende des 16. Jh.s in der Mehrheit (1211 christliche gegen 832 muslimische HH). In Tetovo sank die Zahl der christlichen Haushalte zwischen 1468 und 1568 von 180 auf 127, während jene der Muslime auf 330 anstieg. Im südalbanischen Gjirokastra wurden 1490 nur zwölf muslimische HH gezählt, 1506/07 waren es 53, 1583 49 HH.

Den Unterschied zur dörflichen Welt verdeutlichen folgende Zahlen: Im Unterbezirk Tetovo lebten 1468 250 Muslime unter 30 600 Christen; im Sancak Prizren bestanden 1530 13 621 HH, davon waren gerade 297 muslimisch. 1544/61 hatten dort nur 2,4% der ländlichen Bevölkerung den Glauben gewechselt. 1525/26 standen 19 351 HH der Christen im Sancak Vučitrn gerade einmal 565 muslimische HH gegenüber, auch bei den Ledigen hatten die Christen die Mehrheit (2921 gegen 66). Von besonderem Interesse ist, dass im Kosovo, das 1444 nach vorübergehender Eingliederung in das Osmanische Reich für elf Jahre nochmals unter serbische Herrschaft gelangte, Söhne islamisierter Bauern zum Christentum zurückgekehrt waren – die Islamisierung war also nicht unumkehrbar, sondern hing stark von den politischen Machtverhältnissen ab. 1570 aber hatte der Islam in den Dörfern des westlichen Kosovo Wurzeln geschlagen.

Die Islamisierung wurde im 15./16. Jh. v. a. von zwei Gruppen getragen: Männern aus alten Familien, die durch den Glaubenswechsel ihre gesellschaftliche Stellung sicherten; und Angehörigen von Zünften (esnaf). So standen in unserem Betrachtungsraum in der zweiten Hälfte des 16. Jh.s 1686 muslimischen Handwerkern gerade einmal 39 Christen gegenüber. 45,7% der muslimischen Stadtbevölkerung gingen damals einem Handwerk nach, was den «Mittelschicht»-Charakter des Islam, dessen starke Verbindung mit dem Basarmilieu unterstreicht. Eine bedeutende Rolle kam auch den islamischen religiösen Stiftungen (vakıf) zu, die über umfangreichen Immobilien- und Grundbesitz verfügten und zahlreichen Menschen Beschäftigung gaben.

Waren in der osmanischen Frühzeit (15.–16. Jh.) die Glaubensübertritte wohl zumeist freiwillig erfolgt, um soziale und rechtliche

Vorteile zu erlangen, so änderte sich dies in Teilen im 17. und 18. Jh. Niederlagen gegen Österreich, Venedig und Russland, wiederholte Aufstände der Balkanchristen zerstörten die Selbstsicherheit der Muslime, sodass besonders während und nach Kriegen der Druck auf Christen zu konvertieren wuchs; dies galt auch für christliche Soldaten im Sultansheer, so südalbanische Timarioten (1635) oder Festungsbesatzungen (wie in Zhulat). Noch nicht ausreichend geklärt ist, inwiefern die Bewegung der Kadizadeli – ausgehend von der mittleren muslimischen Geistlichkeit Istanbuls –, die eine radikale Rückkehr zu einem «ursprünglichen», ganz auf den Koran bezogenen Islam forderten und Kriege gegen christliche Staaten wie Venedig (1645) und das Heilige Römische Reich Deutscher Nation (1683) propagandistisch begleiteten, auch zur verstärkten Islamisierung in Albanien beitrug; auf jeden Fall nahm in den 1630er- und besonders den 1640er-Jahren der Druck auf Christen deutlich zu, und es kam zu zahlreichen Glaubenswechseln. Die Russisch-Osmanischen Kriege (1710–1711, 1737–1739, 1768–1774, 1787–1792, 1806–1812) beschleunigten den Rhythmus der Islamisierung besonders bei den Orthodoxen, die von Russland als Glaubensgenossen umworben wurden. Nicht zu vergessen ist, dass im osmanischen Heer muslimische Albaner dienten, die den Orthodoxen in ihrer Heimat zunehmend misstrauisch gegenüberstanden; 1739 wurden allein im südlichen Epirus (alb. Çamëria) 25 Dörfer zum Übertritt zum Islam gezwungen. Unter Ali Pascha erreichte der muslimische Druck einen Höhepunkt, denn orthodoxe Berggebiete leisteten diesem Ayan Widerstand. Die wiederholte Deportation nordalbanischer katholischer Stämme durch die Osmanen und die Vertreibung orthodoxer Gemeinschaften wie der Sulioten durch Ali Pascha beförderten ebenfalls die Ausbreitung des Islam. Während die Mitte und der Osten unseres Betrachtungsraumes wohl im 18. Jh. eine klare muslimische Mehrheit unter der albanischen Bevölkerung aufwiesen, erlangten die Muslime in der südalbanischen Region Gjirokastra erst um 1900 ein knappes Übergewicht.

Lässt sich der äußere Ablauf der Islamisierung in – hier notgedrungen nur groben – Zügen nachvollziehen, ist die Frage nach den Ursachen ebenso schwierig wie umstritten. Der Islam rückte vor, weil die Kirchen geschwächt waren, und geschwächt wurden sie von den muslimischen Eroberern. Fehlende Bildung der Geistlichen und gerade in den Bergen schlechte Betreuung der Gläubigen, deren geringe Kenntnis der Glaubensinhalte, gehen nicht allein auf eine Unfähigkeit der Kirchen zurück. Insbesondere die katholische Kirche hatte stets einen schweren Stand als potenzielle «fünfte Kolonne» christlicher Mächte. Dass daneben das Fehlverhalten einzelner Geistlicher in Gebieten mit geringer Kirchendichte zu einer Schwächung des Christentums beitrug, steht jedoch außer Zweifel.

Albanische Historiker erklären die verhältnismäßig starke Konversion von Albanern östlich der Berge damit, dass die «slawische» Orthodoxie eine primär politische Einrichtung gewesen sei und die Slawisierung der Albaner betrieben habe. Die Islamisierung, so die erwähnte These des Orientalisten Hasan Kaleshi, habe die Albaner vor der Slawisierung bzw. Gräzisierung bewahrt, der Islam, so kann daraus gefolgert werden, sei daher mehr als die christlichen Bekenntnisse für Albaner eine Nationalreligion. Tatsächlich verlief die Islamisierung im Bereich des zeitweise untergegangenen Patriarchats von Peć sehr rasch, doch sind im Süden mit seiner griechischen Liturgiesprache vor dem ausgehenden 19. Jh. kaum Widerstände gegen eine – vermeintliche analoge – Gräzisierungsstrategie festzustellen. Hier werden nationalistische Ideen aus der Zeit nach ca. 1880 zurückprojiziert. Hinzu kommt die unter einigen albanischen Nationalisten auch heute noch beliebte These, dass alle Religionen lediglich Büttel von Fremdherrschaften gewesen seien. Gründe und Formen des Glaubenswechsels sind aber nicht mit modernen nationalen Kategorien zu erfassen. Ob das Fehlen einer einheitlichen albanischen Nationalkirche mit albanischer Liturgiesprache die Islamisierung erleichterte oder nicht, ist kaum feststellbar.

Die rechtliche Benachteiligung von Christen, aber auch alltägliche Diskriminierung von Christen durch Muslime spielten eine – freilich schwer messbare – Rolle; im Islam vorgeschriebene Kleiderordnungen für Nichtmuslime wurden jedoch ebenso wenig einheitlich angewandt wie das Verbot von Kirchenneubauten. Im Osmanischen Reich war der Islam die Religion der Herren, das

Christentum die Religion von Sklaven, wie ein französischer Konsul am Ende des 19. Jh.s schrieb; und daran änderte auch eine fallweise örtliche bessere Behandlung der Christen letztlich nichts. Die Macht über die Auslegung des islamischen Rechts lag stets bei Muslimen. Der katholische Erzbischof von Skopje berichtete im 17. Jh., die aus den mittel- und nordalbanischen Bergen in den Kosovo zugewanderten katholischen Bergbewohner seien *«heiss, cholerisch und arrogant»*, zudem alle bewaffnet und ertrügen es schlicht nicht, von den Türken schlecht behandelt zu werden. Sie würden muslimische Namen annehmen, behielten aber – vorerst – ihren Glauben. Es prallten also in den mehrheitlich muslimischen Ebenen im 18. Jh. das muslimische Überlegenheitsgefühl und der Ehrenkodex der Berge zusammen – langfristig traten viele der katholischen Bergler zum Islam über, um blutigen Ehrenhändeln aus dem Weg zu gehen. Der Übertritt zum Islam bedeutete auch höheres Sozialprestige, Bevorzugung vor Gericht und die Möglichkeit, sich im Alltag durch Überlegenheitsgesten abzugrenzen: 1876 etwa stießen sich in Gjakova Muslime allein daran, dass Christen mit übereinandergeschlagenen Beinen dasaßen.

Die verstärkte Islamisierung im 17. Jh. ist auch mit dem steigenden Steuerdruck zu erklären: Das in viele Kriege verwickelte Osmanische Reich deckte die enormen Kosten u. a. mit der Erhöhung der Kopfsteuer für Christen; viele Bauern entgingen nur durch den Übertritt zum Islam dem völligen Ruin. Auf eine Phase der weitgehenden Freiwilligkeit des Übertritts (bis ca. 1600) folgte demnach eine Epoche, in der Druck, seltener auch offener Zwang, zum Glaubenswechsel ausgeübt wurde. Solange kein Druck herrschte, blieb die überwältigende Mehrheit der Albaner christlich; dann aber vollzog sich der Glaubenswechsel stärker als in anderen Regionen des Balkans, und die Albaner wurden zu einer mehrheitlich muslimischen Gemeinschaft. Die aufgezählten Gründe für den Glaubenswechsel bestanden auch in anderen Regionen des Osmanischen Reiches, wo es nicht zu einer mehrheitlichen Islamisierung gekommen ist. Wenn man nicht den Dogmen des modernen albanischen Nationalismus folgen will, der alles mit der traditionellen religiösen Indifferenz der Albaner erklärt, muss man zugeben, dass eine schlüssige alternative Begründung für die massive Islamisierung noch nicht gegeben worden ist. Ins Gewicht fiel sicherlich auch die fehlende staatliche Tradition.

Zwischen Umma und muslimischem Westbalkan: muslimische Lebenswelten

Die albanischen Muslime waren Teil der Umma, der Gemeinschaft der islamischen Gläubigen; und wie Orthodoxe und Katholiken hatten sie teil an einer eigenen weit gespannten kulturellen Welt: Das Arabische, Persische und Osmanisch-Türkische wurden von einer – wie bei den Christen – sehr schmalen kulturellen Elite als neue Schriftsprachen gepflegt; das arabische Alphabet erreichte den albanischen Kulturraum und wurde besonders seit dem 18. Jh. auch für Poesie in albanischer Sprache verwendet (sog. Aljamiadoliteratur). Zahlreiche türkische Wörter fanden in das Albanische Eingang, ebenso türkische Märchen und Legenden; die materielle Kultur glich sich besonders in den Ebenen gesamtosmanischen Verhältnissen an. Blickten die Katholiken in religiöser Hinsicht nach Rom, so unterstanden die Muslime einem Sultan, der seit dem 16. Jh. auch Kalif, also Nachkomme Mohammeds, zu sein beanspruchte. Die mehrheitlich muslimischen Albaner entwickelten sich so zum westlichen Rand der islamischen Umma.

Zugleich entstand, ähnlich wie bei den Katholiken, ein westbalkanischer religiöser, in diesem Falle muslimischer Kommunikationsraum, in dem muslimische Bosnier und Albaner gemeinsam in Heer und Verwaltung dienten und Albaner sich in Bosnien niederließen. Dem Sprachunterschied kam innerhalb der Glaubensgemeinschaft wenig Bedeutung zu; einen albanisch-südslawischen Gegensatz gab es im muslimischen Milieu nicht. Im Gegenteil, die nordalbanischen Heldenepen, die sog. Kreshniklieder (von bosn. krajišnik, «Grenzkämpfer»), weisen auf Kulturkontakt und ähnliche Männlichkeitsideale hin: Namen bosnischer epischer Helden (Mujo und Halil) und Schauplätze bosnischer Lieder (Dalmatien, Donau) finden sich auch in albanischen Gesängen, die freilich keine

Übersetzung sind, sondern Eigenentwicklungen. Im 19. Jh. kämpften bosnische und albanische Muslime gemeinsam gegen die Tanzimatreformen, und muslimische Bosnier fanden 1878 nach der österreichischen Besetzung ihrer Heimat Zuflucht im Kosovo.

Die Muslime bildeten wie die Christen auch eine soziale, konkret: eine Heiratsgemeinschaft. Bis in die Gegenwart ehelichen in ethnisch gemischten Gemeinschaften wie in Makedonien oder Kosovo – wo muslimische Albaner, Makedonier, Türken und Roma leben – Muslime Angehörige desselben Glaubens, auch über Sprachgrenzen hinweg. Der Ethnonationalismus hat die religiösen Heiratsschranken nur im ethnisch einheitlichen Milieu der Volksrepublik Albanien nach 1945 und auch nur in Teilen überwunden. Hatte in Makedonien bis in die Sechzigerjahre des 20. Jh.s eine türkische städtische Identität als besonders erstrebenswert gegolten – in einer Ehe turkisierte sich also häufig der albanische Partner –, so passen sich in sprachlich gemischten Ehen Partner heute dem politisch stärksten Teil der muslimischen Gemeinschaft an, den Albanern, die vor Kurzem noch kein derart hohes Sozialprestige genossen hatten. An die Stelle einer Turkisierung (so bei den Turkalbanern von Skopje) trat in jüngster Zeit eine Albanisierung. Auch im Kosovo, wo sich seit dem 16. Jh. eine mehrheitlich albanische muslimische Gemeinschaft gebildet hatte und nur eine sehr kleine türkische Gruppe (v. a. in Prizren) lebte, der sich aber vor 1912 lokal zahlreiche Albaner kulturell-sprachlich anpassten, kam es zur Albanisierung serbischer Konvertiten zum Islam durch die Glaubens- und Heiratsgemeinschaft. In allen Balkanhistoriographien sind diese Anpassungsprozesse hochumstritten, da so alle albanischen Muslime «eigentlich» als islamisierte und albanisierte Serben (sog. Arnautaši) angesehen werden können. Die schlechte Quellenlage erlaubt leider keine Quantifizierung dieser anthropologisch gut erforschten Prozesse.

«Das Land der Derwische»

Auf dem ganzen Balkan wird mystizistischen Derwischorden bei der Ausbreitung des Islam eine besondere Bedeutung zugeschrieben, da sie religiöse Rituale pflegten, die volkstümlichen christlichen Bräuchen glichen. In der Außenwahrnehmung gilt die Aufmerksamkeit dabei der Gemeinschaft der Bektashi, da diese im 19. Jh. führend an der albanischen Nationalbewegung beteiligt waren und sich heute noch als albanische Nationalreligion mit ausgleichender Funktion zwischen Muslimen und Christen darstellen. Tatsächlich breiteten sich in osmanischer Zeit im südwestlichen Balkan zahlreiche Derwischorden aus, die ihre Wurzeln im Zweistromland oder in Anatolien hatten. Wiederum bilden die Albaner keinen Sonderfall, im Gegenteil: Als Teil der islamischen Welt erreichte auch sie die Vielfalt mystischer Strömungen des Islam. Im 19./20. Jh. hatten nicht weniger als elf verschiedene Bruderschaften Anhänger unter den Albanern. Es handelte sich dabei um locker strukturierte Gemeinschaften, deren Mutterhaus (asitane) meist von nur symbolischer Bedeutung war: Aus dem Irak breiteten sich die Rifa'i aus, die um 1930 im albanischen Raum 17 Tekken besaßen; ihre Asitane lag in Gjakova (seit ca. 1860), von wo aus Scheichs neue Tekken gründeten. Die Rifa'i fielen durch ihre beeindruckenden Riten auf, bei denen sie sich in religiöse Trance versetzten und Glas aßen oder ihre Wangen mit beschwerten Spießen durchbohrten. Die aus dem Iran stammenden Halveti dehnten sich als stark türkisch geprägter Orden auf dem Balkan aus; sie pflegten eine ungewöhnlich harte Askese, bei der sich der Gläubige, abgeschirmt von Lärm und Licht, bei strengem Fasten religiösen Übungen, v. a. Rezitationen, hingab. Die Bektashi folgten dem legendenumwobenen Hacı Bektaş Veli (Zentralanatolien, um 1240) und gelangten mit den Osmanen auf den Balkan. Sie wurden stark von schiisierenden (alidischen, d. h. Ali verehrenden) Strömungen erfasst, die von den Osmanen und der sunnitischen Geistlichkeit verfolgt wurden. Evliya Çelebi beschrieb die Bektashitekke bei Kanina und beobachtete bei den Südalbanern viele Anhänger Alis. Diese gehörten Bruderschaften an, die anders als die anerkannten Orden (etwa

Halvetiye oder Nakşbandiye) in theologischer Distanz zur sunnitischen «Orthodoxie» standen, wenngleich der Begriff «heterodox» (im Sinne von Ketzer) von der modernen Forschung abgelehnt wird. Die Bektashi verfügten über Tekken u. a. in Tetovo (1569 Harabati Tekke, die Asitane der Tekken östlich der Berge) und Gjirokastra (1780, das Mutterhaus der Tekken westlich der Berge), die besonders gegen Ende des 19. Jh.s an Zahl und Anhängerschaft stark wuchsen. Die Bektashi waren auf dem ganzen Balkan eng mit dem Milieu städtischer Handwerker, Händler und Janitscharen verbunden und wurden von der Vernichtung der Letzteren (1826) schwer getroffen. Politisch, aber auch religiös standen sie danach dem Sultan-Kalifen distanziert gegenüber, was ihre Rolle in der albanischen Nationalbewegung erklärt, in der sie weit mehr als die sultans- und kalifentreuen Sunniten aktiv waren. Als einzige der bei den Albanern verbreiteten Glaubensgemeinschaften waren die Bektashi nicht Teil einer zahlenstarken nichtalbanischen Gruppe, vielmehr lag ab dem 19. Jh. ihr faktisches Zentrum im südwestlichen Balkan bei Albanern.

Religiöse Mischformen

Im gängigen albanischen Geschichtsbild wird betont, dass die Albaner den Islam nur oberflächlich angenommen hätten. Tatsächlich weisen viele Quellen auf Übergangserscheinungen hin: So traten oftmals nur die steuerpflichtigen Haushaltsvorstände zum Islam über, während die nicht steuerpflichtigen Frauen Christinnen blieben; 1724 traf Nikólaos Térpos im Dorf Dragot bei Elbasan so nur noch 15 christliche Männer, aber 150 christliche Frauen an; die anderen Dorfbewohner waren Muslime geworden. Freilich hielt sich die christliche Tradition in rein weiblicher Linie in einer patriarchalischen Gesellschaft nicht auf die Dauer. Verbreitet sind auch Beobachtungen, dass Konvertiten den neuen Glauben nur gegenüber den osmanischen Behörden zeigten, zu Hause aber weiterhin den christlichen Glauben pflegten. Diese sog. Kryptochristen («heimliche Christen») wurden lange in ihrer Bedeutung überbewertet. Sie sind mitnichten eine albanische Besonderheit, es gab sie auch in beträchtlicher Zahl im Pontos (türkische Schwarzmeerküste). Ihre Stellung war sehr heikel, da Abfall vom Islam mit dem Tod geahndet wurde und die (katholische) Kirche auf der anderen Seite von ihren Gläubigen ein öffentliches Bekenntnis verlangte, muslimische Tarnnamen verbot und widrigenfalls mit dem Entzug der Sakramente drohte. Besonders stark wirkten diese Übergänge und gemeinsame Rituale im Bereich der volkstümlichen Religiosität, wie sie auch aus Legenden hervorgeht. Die Menschen maßen dabei Derwischen und heiligen Männern, Wallfahrtsorten, heiligen Bergen und Quellen, Kirchen und Bildern besondere Bedeutung bei.

Eine Geschichte von dem mehrfach erwähnten Suzi aus Prizren soll verdeutlichen, wie Muslime gezielt christliche Symbolorte besetzten: Nach der muslimischen Tradition Prizrens soll der gelehrte Suzi, der als Derwisch dem Nakşbandiyeorden angehörte, einen Kanal erbaut haben – dieser aber hatte schon zu Zeiten von Zar Stefan Dušan bestanden. Suzi soll als «Märtyrer» im Kampf gegen Christen gefallen und auf dem Berg Paštrik (heutige Grenze Albaniens mit Kosovo) begraben worden sein, der sich zu einem Wallfahrtsort der Muslime entwickelte. An derselben Stelle verehrten die Orthodoxen den hlg. Panteleimon, zu dem sie jeweils am 27. Juli ihre Kranken trugen, und begingen die Katholiken das Dreifaltigkeitsfest. Zu «Suzis Stein» an der «Quelle der blutenden Brüder» pilgerten Muslime wie Orthodoxe (nicht aber Katholiken) in der Hoffnung auf Gesundheit oder Nachwuchs. Ebenfalls auf dem Paštrik wird ein weiterer, freilich viel berühmterer Derwisch verehrt, Sari Saltık, der als christlicher Mönch verkleidet Christen zum Islam bekehrt haben soll. Um diesen legendenumwobenen Derwisch errichteten seine Verehrer einen Kult und übernahmen dabei allenthalben alte christliche Heiligtümer, so Skanderbegs Burg Kruja, die sich zu einem Wallfahrtszentrum und einem Mittelpunkt der albanischen Derwische entwickelte (um 1567/68). Auch die nahe gelegene Kirche des hl. Alexander wurde in ein Derwischheiligtum umgewandelt. Sari Saltıks Grab wurde aber auch an einem weiteren, den Christen bedeutsamen Platz vermutet: in Sveti Naum am Ochridsee, wo der gleichnamige Slawenapostel bei den Orthodoxen in höchstem Ansehen stand. Auch nach Korfu pilgerten Gläubige, wo der Derwisch mit dem hl. Spyridon gleichgesetzt wurde.

Religiöse Harmonie oder gespanntes Nebeneinander?

Im südwestlichen Balkan überlagerten sich mehrere sakrale Räume, deren Zentren außerhalb der Region, in Konstantinopel/Istanbul, Mekka, Konya und Rom lagen; sie bildeten weit gespannte Kommunikationsräume, an denen die Gläubigen teilhatten, wenn sie Pilgerfahrten unternahmen. Die Dogmen, die der albanische Nationalismus seit dem 19. Jh. mit Blick auf Religion und Religiosität entwickelt hatte, halten einer genauen Betrachtung nicht stand: Die Albaner waren nicht mehr, aber auch nicht weniger religiös oder tolerant als andere Balkanvölker. In kompakten albanischen Gebieten bildete die Religion ein wesentliches Merkmal der gesellschaftlichen Differenzierung. Eine religionsübergreifende albanische Nation als politischer oder gesellschaftlicher Akteur hat vor dem 20. Jh. nicht bestanden, wohl aber Formen eines auf Sprache gegründeten Gemeinschaftsgefühls. Vor dem 19. Jh. sind kaum nationale Spannungen zwischen Albanern sowie Griechen oder Südslawen festzustellen. Die Abgrenzung verlief lange Zeit entlang religiöser Grenzen und damit auch innerhalb der albanischen Sprachgemeinschaft. Das Zusammenleben von Sunniten in der Ebene und Katholiken im Hochland z. B. gestaltete sich in Mittel- und Nordalbanien oft schwierig. 1856 rissen Sunniten ein im Bau befindliches katholisches Seminargebäude in Shkodra nieder. Im Kosovo waren um 1900 Spannungen zwischen albanischen Sunniten und Katholiken an der Tagesordnung. Dass dort albanische Katholiken unter sunnitischen Übergriffen weniger zu leiden hatten als serbische Orthodoxe, lag weniger an ihrer Sprache als daran, dass sie im Gegensatz zu den meisten Orthodoxen oftmals Waffen trugen und sich gegen die durchwegs bewaffneten Muslime verteidigen konnten. Sympathien für Griechenland und Rumänien bei südalbanischen Orthodoxen rührten ebenfalls aus dem starken Abgrenzungsbedürfnis gegenüber den dominanten Muslimen her.

Noch im jungen albanischen Nationalstaat der Zwanzigerjahre des 20. Jh.s verstanden sich die Muslime (rund 70%) als tonangebende Gruppe, die Orthodoxe mit Misstrauen betrachteten.

Die vermeintlich besonders ausgeprägte religiöse Indifferenz, Synkretismus und Kryptochristentum der Albaner sind Phänomene, die in weiten Teilen des osmanischen Balkans und Anatoliens auftreten; selbst im osmanischen Ungarn nahmen zugewanderte südslawische Katholiken und Muslime gemeinsam an Wallfahrten teil. Auch in der Religionsgeschichte sind die Albaner so Teil einer gesamtbalkanischen Kultur und kein Sonderfall. Erst die Nationalbewegung hat das Bild einer religiös indifferenten und besonders toleranten Nation geschaffen, das nach 1945 von dem religionsfeindlichen, schließlich auch offiziell atheistischen kommunistischen Staat durchgesetzt wurde. Auch wenn ähnlich wie in anderen stark gemischtreligiösen Gebieten des Balkans wie etwa Bosnien gemeinsame Sprache, Mentalität und Alltagskultur Verbindungen oft über die Glaubensgrenzen hinweg bewahrten oder in Stammesgebieten Abstammung oft mehr galt als religiöse Zugehörigkeit – problematisch ist die moderne ideologische Zuspitzung dieser Phänomene.

Auch die Idee einer religionsübergreifenden Nation ist keine albanische Besonderheit: In der großserbischen Ideologie des Vuk Stefanović Karadžić (1787–1864) war auch Platz für das, was er als muslimische bzw. als katholische Serben betrachtete; Sprache und (vorgestellte bzw. projizierte) Herkunft galten als Kriterien. Genau diesen Weg gingen auch die nationalen Vordenker der Albaner, die im Unterschied zu Serbien die Idee einer religionsübergreifenden Nation erfolgreich umsetzten. Dass dies gelang, ist nicht mit religiösen Mythen, sondern primär mit der Ethnopolitik von Griechen und Serben zu erklären, welche bei Albanern aller Religionen Existenzängste auslöste. Diese erst zwangen sie, überethnische religiöse Bindungen aufzugeben und sich zur Selbstbehauptung zu einer modernen ethnisch definierten Nation zusammenzuschließen.

Albanische Geschichte als Migrationsgeschichte (bis um 1900)

Als 2009 die Makedonische Akademie der Wissenschaften unter der Leitung eines nationalistischen Wissenschaftlers eine Enzyklopädie veröffentlichte, in der Albaner als frühneuzeitliche Einwanderer aus dem albanischen Bergland dargestellt wurden, brachte dies die makedonische Regierung beinahe zu Fall. Die heftigen Reaktionen von albanischer Seite zeigen, dass Migrationsbewegungen und ihre politische Bewertung im Balkan außerordentlich emotional besetzte Themen sind. Dies steht in deutlichem Gegensatz zu Forderungen außerregionaler Historiker, die «Geschichte Südosteuropas als Migrationsgeschichte» (Holm Sundhaussen) auffassen. Migration ist in den Augen südosteuropäischer Gesellschaften besonders dann negativ besetzt, wenn historisch umstrittene Gebiete betroffen sind. Serben und Makedonier auf der einen, Albaner auf der anderen Seite sehen sich im heutigen Kosovo und Westmakedonien als altansässig an; die jeweils andere Seite sei später gekommen und habe daher geringere Rechte auf das Land. Historiker haben entsprechende «Beweise» zu liefern, und viele sahen und sehen sich immer noch als Avantgarde der eigenen Nation, deren Ansprüche sie zu verteidigen haben. Hält man sich von dieser Dimension des Themas fern, zeigen die Ergebnisse historischer Forschung, dass der ganze Balkan ein Raum starker Wanderungsbewegungen war, von denen keine ethnische Gruppe ausgenommen ist. Die Formen der Migration sind vielfältig: saisonale Arbeitsmigration von Wanderarbeitern und Hirten, dauerhafte Arbeitsmigration von Händlern, Söldnern, Handwerkern und Tagelöhnern; Binnenmigration im Byzantinischen bzw. Osmanischen Reich; Flucht vor Kriegen; Deportationen besonders im Osmanischen Reich; schließlich ab 1877 Vertreibungen (sog. ethnische Säuberungen), «Bevölkerungsaustausch» sowie weitere Mittel nationalstaatlicher «Bevölkerungspolitik». Wanderungsbewegungen erfolgten mal in kleinen Gruppen – gebildet durch Verwandtschaft oder Erwerbszweig –, mal auch in größeren Verbänden. Die Gründe waren vielfältig: Armut der Herkunftsgebiete, Nachfrage nach Arbeitskraft in großen Städten, in Heer und Verwaltung, Furcht vor Blutrache, aber auch politischer und militärischer Zwang. Albanische Geschichte ist Migrationsgeschichte. Migrationen wandelten die Albaner schon im Mittelalter zu einer transterritorialen Gesellschaft. Das enorme migratorische Potenzial wurde nur einmal in einer Teilregion gewaltsam zum Stillstand gebracht, als in der kommunistischen Diktatur (1945–1991) viele Einwohner der Volksrepublik Albanien durch staatlichen Zwang in ihren Wohnorten festgehalten wurden.

Die Historiographien auf dem Balkan betrachten Migration zumeist als Teil ethnischer Auseinandersetzungen. Den Alltag der südwestbalkanischen Gesellschaften prägte über Jahrhunderte hinweg aber vielmehr die Arbeitsmigration. Johann Georg von Hahn beschrieb diesen sog. Gurbet um 1850 am Beispiel der südalbanischen Landschaft Lunxhëria: «*Die Bevölkerung der Ljuntscherei besteht daher in der Regel aus Weibern, Kindern, Greisen und Presshaften, denen die Bestellung der Felder und namentlich der zahlreichen Weinberge und die ganze Sorge für das Hauswesen überlassen bleibt; alle arbeitsfähige Mannschaft aber ist in der Fremde und erscheint nur dann und wann besuchsweise in der Heimath.*» Viele Dörfer hatten sich auf einzelne Berufszweige spezialisiert und waren an den Zielorten des Gurbet dafür bekannt; Lunxhërioten etwa arbeiteten als Fleischer, Gärtner und Brunnenbauer in Istanbul, Männer aus der Zagoriá (nördlich von Ioánnina) als Bäcker, Krämer, Schankwirte, Ärzte und Zöllner, Männer aus Dibra und Kolonja waren als Maurer und Zimmerleute bekannt; in Istanbul verkauften Albaner Boza (gegorenes Getreidegetränk), im Jugoslawien des 20. Jh.s waren etwa albanische Zuckerbäcker und Eisdielenbesitzer berühmt, in Belgrad lebten bis zu den nationalistischen Exzessen der 1980er- und 90er-Jahre Tausende Albaner.

«*Was in der europäischen Türkei und dem griechischen Königreich mauert, Bäume fällt und Bretter sägt, stammt fast ohne Ausnahme aus Albanien, denn es finden sich auch Striche, die nur von erblichen Holzschlägern und Sägemüllern oder auch Erdarbeitern bewohnt sind. Diese Handwerke sind gesellig, daher wandern die Werkgenossen truppweise unter der Leitung eines Altmeisters und führen zugleich die zum Transporte des Materials benöthigten Lastthiere mit sich*», so von Hahn weiter.

Die Wanderarbeiter folgten einem festen Rhythmus: Sie brachen am Demetriustag (26.10.) auf und kehrten am Georgstag (6.5.) zurück, um die ungesunden Sommermonate in den Ebenen zu vermeiden. Sie zogen in Arbeitsgruppen los, die für eine Saison zusammenblieben. Die Zielorte konnten jährlich wechseln, der Radius aber war weit: der ganze osmanische Balkan, Istanbul, Westanatolien. Der Gurbet war eine gesamtbalkanische Erscheinung, Griechen, Serben, Bulgaren, Aromunen, sie alle suchten Verdienst in der Fremde, sie alle verarbeiteten ihre Erfahrungen und auch ihr Heimweh im Lied. Um 1850 sollen sich allein in Istanbul rund 6000 Wanderarbeiter aus Epirus und Südalbanien aufgehalten haben. Während die Gurbetwanderer jährlich pendelten, blieben andere länger in der Fremde. Aromunische Kaufleute etwa hatten im 18. Jh. weiträumige Familienunternehmen aufgebaut, die sich von Mitteleuropa bis in den Nahen Osten spannten; in diesem Falle sahen Männer ihre Frauen bisweilen mehr als zehn Jahre lang nicht. Auch muslimische Religionsstudenten etwa aus dem südalbanischen Kurvelesh verließen ihre Heimat für längere Zeit. Die Wanderarbeit erhielt die Gesellschaft in den Heimatdörfern, band diese aber auch in weitere räumliche Zusammenhänge ein; nicht nur Kapital, sondern auch Wissen gelangte durch Rückkehrer selbst in abgelegene Gebiete. Im Kurvelesh konnten daher im frühen 20. Jh. viel mehr Menschen, auch Frauen, lesen und schreiben als im nordalbanischen Hochland, wo die Auswanderung äußerst gering und keine einzige (!) Frau alphabetisiert war.

Arbeitsmigration führte schon in der Frühen Neuzeit Albaner auch als dauerhafte Siedler in viele Teile des Osmanischen Reiches – gerade entlang der Via Egnatia ließen sie sich in kleinen Gruppen nieder. So gab es im 15. Jh. vereinzelte Albaner im zentralen und östlichen makedonischen Raum (in den Bezirken Demir Hisar, Zíchna und Sérres); im thrakischen Didymóteichos bestand um 1650 ein Albanerviertel (mahala Arnavud) mit 36 Häusern, und beim bulgarischen Plovdiv (tr. Filibe) lag das 100 Häuser zählende Dorf Arnavud (heute Elšica). Albaner gelangten schon früh nach Anatolien, unter ihnen auch ehemalige Rebellen, die nach Trapezunt (tr. Trabzon) am Schwarzen Meer deportiert worden waren (1487). Die Reichshauptstadt Istanbul zog zahlreiche Albaner an, noch 1928 lebten an keinem Ort mehr Albaner als am Bosporus (rund 60 000); in der Türkei arbeiteten damals rund 250–300 000 Albaner. Die Umorientierung der albanischen Gesellschaft durch die osmanische Eroberung wird also nicht nur an der Islamisierung, sondern auch an einer lang dauernden Wanderungsbewegung nach Anatolien fassbar. Entsprechend eng gestalteten sich die Beziehungen albanischer Muslime zur Türkei bis in die jüngste Zeit hinein, und zwar in den Bereichen Arbeit, Familie, Glaube und Politik.

Im Mittelalter hatte sich die Arbeitsmigration hingegen nach Westen und Nordwesten bewegt. Schon im 13. Jh. ließen sich Albaner in dalmatinischen Städten wie Kotor und Dubrovnik nieder, als Arbeiter, Handwerker, aber auch katholische Priester; wie später Istanbul lockte Venedig zahlreiche Arbeitskräfte an. Als erste balkanstämmige Zuwanderergruppe überhaupt erhielten die katholischen Albaner in Venedig das Recht, eine eigene landsmannschaftliche wohltätige Vereinigung (scuola) zu gründen (1442). Für sie diente Venedig bis in das 19. Jh. hinein als mehrfacher Bezugspunkt, als Arbeitsort, kulturelles und zeitweise auch politisches Zentrum.

Besonders weit spannte sich der Migrationsraum von Söldnern. Die albanischen Berge versorgten bis in das frühe 20. Jh. das Osmanische Reich mit überwiegend muslimischen Soldaten, die ihre Heimat mit Sold und Beute ernährten. Orthodoxe Albaner dienten mit Griechen in der leichten Reiterei Venedigs (sog. Stradioten). Söldnerführer wie Mercurio Bua oder der Kommandant der Schweizergarde unter Julius II., Konstantin Araniti, erlangten ähnlichen Ruhm in Renaissance-Italien wie deutsche oder Schweizer Hauptleute. Wie in den Schweizer Bergen stellte im albanischen Hochland die Reisläuferei ein Kernelement des wirtschaftlichen Überlebens dar, und wie beim Gurbet brachten auch heimkehrende Söldner Geld und Wissen in ihre Dörfer.

Im 19. Jh. verstärkte sich die albanische Auswanderung in Randgebiete des osmanischen Machtbereichs, in die bulgarischen Provinzen des Reiches, in die Walachei und nach Ägypten; es wanderten v. a. Männer aus, deren landsmannschaftliche Bezüge sich oft erhielten, so bei den ganz überwiegend toskischen Einwanderern in Bukarest. Sie blieben für längere Zeit im Ausland. Die Auswanderer stammten zumeist aus dem albanischen Süden, und aus Korça kam auch der wohl erste albanische Einwanderer in den Vereinigten Staaten (1876). Bis 1945 wuchs die albanische Gemeinschaft in den USA auf rund 60 000 Menschen an, die sich stärker als in anderen Aufnahmeländern assimilierten und aus bescheidenen Anfängen – zumeist analphetische orthodoxe Fabrikarbeiter in Boston kurz nach 1900 – eine soziale Ausdifferenzierung erfuhren, die gegen Ende des 20. Jh.s auch in einer albanischen Lobby im Kongress ihren Ausdruck fand. Sie entwickelten ein reiches Geflecht kultureller Vereine («Vatra»/«Der Herd» in Boston), die zur Nationalbewegung beitrugen und ein Beispiel transterritorialer Beziehungen zwischen Emigranten und Herkunftsgebiet darstellen.

Im albanischen Geschichtsbild nimmt die Arbeitsmigration im Vergleich zur mittelalterlichen Auswanderung nach Süden und Westen eine verhältnismäßig geringe Bedeutung ein. Tatsächlich erscheint in den Quellen des 14. und 15. Jh.s die albanische «Landnahme» in Griechenland weitaus eindrücklicher. Die durch Kriege und Seuchen verursachte Entvölkerung in den Aufnahmegebieten, aber auch – freilich in der Forschung nicht ganz unumstritten – der Druck, den albanische Große auf ihre Bauern und Hirten ausübten, trieben die oft in Hirtengemeinschaften (katun), Sippen (wie die Bua und Malakasi) und kleinere Familienverbände gegliederten Albaner zuerst in den makedonischen Raum (Kastoriá), dann nach Thessalien, wo um 1320 albanische Hirten in den Bergen lebten. Von Thessalien aus zogen albanische Gruppen, oft auf Einladung der Landesherren, weiter nach Süden, nach Böotien und Attika, und schließlich um 1400 in die Peloponnes (Moréa). Je nach Region erhielt die albanische Landnahme ein eigenes Gesicht: Die meisten Zuwanderer waren Hirten, eine kleinere Gruppe auch Bauern. Während der östliche Strang der großen albanischen Südwanderung auch von Gewalt und Räuberei begleitet war, letztlich aber ein Interessenausgleich zwischen Landesherren und Zuwanderern stattfand, nahm das Vordringen in Epirus eine ganz andere Gestalt an: Hier waren Albaner im Gefolge serbischer Heere als Hirtenkrieger erschienen, die sich zunächst den örtlichen griechischen und serbischen Herren anschlossen, bald aber in blutigen Kämpfen gegen dieselben eigene kurzlebige Herrschaften (so in Arta) errichteten, die gegen Ende des 14. Jh.s von den Osmanen unterworfen wurden.

Die osmanische Eroberung löste ab dem 15. Jh. weitere Wanderungswellen aus, zum einen auf die Inseln vor Attika und Moréa wie Hýdra, Póros und Spétses, zum anderen von der Peloponnes – wo die orthodoxen Albaner den Osmanen besonders heftigen Widerstand leisteten – nach Unteritalien. Durch die albanische Zuwanderung veränderte sich die ethnische Landschaft Griechenlands grundlegend: Zum einen dehnte sich die albanische Siedlung vom heutigen Südalbanien bis an den Golf von Patras aus, stand also in Kontakt zum Herkunftsgebiet, zum anderen erhielten Mittelgriechenland und die Moréa eine stark oder gar mehrheitlich albanisch-orthodoxe Bevölkerung. Um 1460 stellten Albaner ein Drittel der peloponnesischen Bevölkerung. Sie lebten in Hirtenverbänden und Siedlungen, die nach Familien benannt wurden. Einfacher Ackerbau und Viehzucht bildeten die Grundlage ihres Wirtschaftslebens, das sich deutlich von der hoch entwickelten Landwirtschaft der griechischen Großdörfer (mit Oliven-, Wein- und Seidenraupenkulturen) unterschied. Orthodoxe Griechen und orthodoxe Albaner (Arvaniten) wuchsen über die Jahrhunderte zu einer vom gleichen Glauben geeinten Schicksalsgemeinschaft zusammen. So standen im Jahre 1821 die orthodoxen Arvaniten – darunter Symbolfiguren wie die späteren griechischen Ministerpräsidenten Kítsos Tzavéllas (1847–1848), Geórgios Kunturiótis (1848) und Antónios Kriezís (alb. Kryeziu, «Schwarzhaupt», 1849–1854), die Seeheldin Laskarína Bubulína (1771–1825) – in der ersten Reihe, als in Griechenland der große Aufstand gegen die Osmanen ausbrach.

Die Wanderung orthodoxer Albaner von Albanien und der Peloponnes nach Süditalien, nach Apulien, Kalabrien und Sizilien, wurde durch den osmanischen Vormarsch ausgelöst. Die Zuwanderer brachten die Erinnerung an Skanderbeg als «Gründungsmythos» mit, der ihre Ansiedlung rechtfertigen sollte. Die Arbëresh genannten Flüchtlinge ließen sich häufig in Gebieten nieder, die wie in Griechenland durch Seuchen entvölkert worden waren. Als Orthodoxe in einem katholischen Umfeld bewahrten sie einen starken Gruppenzusammenhalt, an dem auch die Unterstellung unter die katholische Hierarchie nach dem Konzil von Trient (1545–1563) nichts änderte. Der Konfessionsunterschied zur katholischen Umgebung, aber auch die abgelegene Siedlungsweise verhinderten eine rasche Assimilierung an die italienische Mehrheit. Die unierten Priesterseminare (ab 1732/34) entwickelten sich in der Frühen Neuzeit zu wichtigen Stätten der Sprachpflege. Im 19. Jh. wurde von dort aus neues politisches Gedankengut verbreitet, und zahlreiche Italoalbaner beteiligten sich am Risorgimento. Die Ideen der nationalen Romantik gelangten über die Arbëresh – so den Dichter Jeronim de Rada (1814–1903) – auf den Balkan und wirkten stark auf albanische Nationalaktivisten.

Die Migrationsbewegungen von Albanern nach Osten sind auch heute noch Gegenstand der erwähnten spannungsgeladenen gesellschaftlichen Debatten auf dem westlichen Balkan. Während nationalistische serbische und makedonische Historiker die These einer zeitlich jungen Einwanderung aufstellen, gehen albanische Forscher ohne Ausnahme von einer ununterbrochenen albanischen Mehrheit aus, die ihrerseits Opfer südslawischer Eroberung gewesen sei.

Wanderungsbewegungen auf dem vormodernen Balkan sind aus Quellenmangel nur sehr schwer zu erforschen. Die Forschungsdiskussion stützt sich vorwiegend auf osmanische Steuerregister, die – in der verballhornenden Schreibweise osmanischer Kanzlisten – die Namen der Steuerpflichtigen verzeichnen. Die Deutung der Personennamen gestaltet sich außerordentlich komplex, da von ihnen nicht unmittelbar auf Sprachzugehörigkeit oder Ethnizität geschlossen werden kann. Muslime trugen islamische Namen, die im ganzen Osmanischen Reich gleich waren. Ob tatsächlich albanische Muslime daran erkennbar sind, dass sie einen typisch albanischen nachgestellten Artikel trugen (also: Mehmet-i, nicht nur Mehmet), wie von albanischen Forschern behauptet, müsste von neutralen Osmanisten geklärt werden. Auch viele Orthodoxe trugen religiöse Namen, die sprachübergreifend bestanden. Die Forschung richtete das Interesse auf Namensformen, die Griechen von Albanern unterscheiden sollten: Ein Kostas wäre ein Grieche, ein Kosta (ohne das griechische Schluss-s) ein Albaner. Andere Namen erleichtern hingegen – auf den ersten Blick – eine ethnische Zuordnung: Albanische Christen waren auch auf typisch albanische Vornamen getauft (wie Gjin, Gjon, Deda, Doda, Llesh, Bardh, Menksh, Lush, Leka, Gjoka, Baç, Kola). Daneben existierten im heutigen Kosovo und Makedonien auch typische südslawische Namen. Ein Blick in die Register belegt auch albanisch-slawische Mischnamen und Menschen, die slawische Namen hatten, aber den Beinamen «Arbanas» (Albaner) führten. Dass Albaner in einem orthodoxen Umfeld mit kirchenslawischer Liturgiesprache und südslawischer Bevölkerungsmehrheit slawische Taufnamen übernahmen, wird ebenso wenig erstaunen wie die Taufe orthodoxer Albaner auf griechische Namen im Süden. Nationalistische albanische Historiker haben aus dieser Tatsache aber den Schluss gezogen, dass sich hinter vielen oder – je nach Anschauung – den meisten slawischen bzw. griechischen Namen Albaner verbärgen. Die ganz überwiegend serbische Namenwelt des mittelalterlichen Kosovo würde also eine albanische Realität verdecken. Serbische und makedonische Historiker sehen in Trägern slawischer Namen hingegen Slawen; ihren Forschungen zufolge bildeten die Albaner östlich der Berge eine kleine Minderheit, was sich an der geringen Zahl der ausdrücklich als «Arbanasi» verzeichneten Steuerzahler erhärten ließe: 1467/68 waren im Vilayet Kalkandelen (Tetovo) 20 Personen mit diesem Beinamen verzeichnet, in Üsküb (Skopje) 2, in Pirlepe (Prilep) 10, in Köprülü (Veles) 3, in Kırçova (Kičevo) 7, in Manastır (Bitola) 41 und in Filorina (Flórina) im Jahre 1487 30.

Außerregionale Forscher versuchen, die Befunde zu einem Bild zu kombinieren: Im 14. Jh. sind Albaner gemeinsam mit Vlachen in größerer Zahl im westlichen Kosovo, vereinzelt auch in Zentralmakedonien (Prilep) in serbischen Urkunden belegt, Erstere v. a. als

Hirten und Bauern im Dienste orthodoxer Klöster. Um 1470 lebten östlich der Berge orthodoxe (und einige islamisierte) Albaner in einem mehrheitlich nichtalbanischen Milieu, und zwar in einem Bogen, der sich von Flórina über Monastir bis hinauf in den heutigen zentralen Kosovo spannte. Deutlich ist eine Verdichtung albanischer Bevölkerung an den Bergabhängen, wobei im Bergland selbst Albaner, Slawen und Vlachen lebten. Ein Beispiel: Um 1485 überwogen in Gjakova-Junik (heutiger Westkosovo) albanische Namen, im heute albanischen Tropoja hingegen orthodox-serbische, ebenso im Talboden des Schwarzen Drin, während Hanglagen von Menschen mit mehrheitlich albanischen Namen bewohnt waren. Innerhalb derselben Kleinregion bestimmte also die Höhenlage einer Siedlung einen sprachlich-kulturellen Unterschied. Im heutigen Zentral- und Ostkosovo lebten in der zweiten Hälfte des 15. Jh.s orthodoxe (und ganz wenige katholische) Albaner verstreut, so in den Nahiye Morava, Lab, Priština oder Vučitrn, freilich inmitten einer klaren serbischen Mehrheitsbevölkerung. Als dritte Gruppe waren Vlachen verbreitet, und zwar vom Kosovo über Dibra, Mokra bis nach Südalbanien.

Die serbische These von der späten Einwanderung nach Kosovo und Makedonien ist also nicht haltbar. Auf der anderen Seite zeigen gerade Berichte katholischer Geistlicher seit dem 17. Jh., dass katholische Albaner aus den Bergen Mittel- und Nordalbaniens kontinuierlich in kleinen Gruppen in die Ebenen kamen, dass also die albanische Vorstellung, die heutigen Albaner seien autochthon, in dieser absoluten Form ebenfalls nicht belegbar ist und wohl noch weniger die Vorstellung einer dauerhaften albanischen Bevölkerungsmehrheit. Katholische Berichte bestätigen Befunde aus osmanischen Registern, die für das ausgehende 16. Jh. ein deutliches Anwachsen albanischer Namen im heutigen Westkosovo belegen. Es fand jedoch keine albanische Masseneinwanderung statt, vielmehr kamen seit dem Mittelalter Verwandtschaftsverbände aus den Bergen, die der Armut oder Blutrachefällen entgehen wollten; aus ganz ähnlichen Gründen zogen auch montenegrinische Stammesangehörige in den Kosovo, d. h., die Einwanderung war nicht auf eine ethnische Gruppe begrenzt.

Diese anhaltende Zuwanderung von Verwandtschaftsverbänden verstärkte die bereits ansässige albanische Bevölkerung am Ostabhang der Berge. Genauso wie die serbische Südexpansion im 14. Jh. die albanische Einwanderung nach Griechenland ermöglicht hatte, so erleichterte der weite Rahmen des Osmanischen Reiches die Siedlung der Albaner nach Osten, auch wenn es weder eine osmanische Bevölkerungspolitik noch irgendeine ethnische Strategie der albanischen Einwanderer gab. Dadurch schob sich der albanische Sprachraum bis in das Moravatal vor (bis nach Niš im Nordosten, wo es um 1570 Dörfer wie Arbanas, Arbanaška Petrila, Arbanaška Brenica gab), wobei es sich nicht um ein geschlossenes Sprachgebiet, sondern um eine verstärkte Präsenz handelte. Ebenso wenig ist von linearen Migrationen auszugehen, d. h. im Falle des Kosovo von einer serbischen Ab- und einer albanischen Einwanderung; Serben verließen den Kosovo, andere Südslawen – z. B. auch Montenegriner – siedelten sich an. Auch wer klare Sprachgrenzen festlegen will, findet in den Quellen keine Unterstützung: Vielmehr bestimmen große Übergangszonen und sprachlich-ethnische Mischgebiete den Balkan. Um 1570 waren im (heute) südostalbanischen Kaza (Unterbezirk) Bilisht 35 von 90 Dörfern albanisch-slawisch gemischt, vereinzelt wohnten dort auch Griechen und Vlachen. Eine albanisch-slawische Übergangszone bestand auch am Ostufer des Shkodrasees, eine albanisch-griechisch-vlachisch-slawische in Südalbanien und Epirus.

Die Auswanderung aus den albanischen Bergen richtete sich nicht nur nach Osten, sondern auch nach Westen, an die Adriaküste. Migration gab es also nicht nur an den weit ausfransenden Rändern des albanischen Sprachgebiets und in den albanischen Dörfern und städtischen Mahalle in Makedonien, Thrakien oder Bulgarien, sondern auch westlich der Berge. Zwei Beispiele aus Berichten katholischer Geistlicher: 1677 sind in kurzer Zeit rund 100 Familien aus den Bergen in die Ebene von Lezha hinabgestiegen; 1792 trieben eine fünfjährige Dürre und hohe Steuern Bergbewohner ebenfalls nach Lezha, wo sie als Landarbeiter auf den Gütern des Paschas von Shkodra den Abgaben entgingen und zugleich ihr Brot verdienten. Während die Abwanderung nach Osten heute ethnopolitisch interpretiert wird, stießen die albanischen Zuwanderer aus den Bergen im Westen auf eine fast rein albanische Gesellschaft. Die Wanderung aus den Bergen rief in osmanischer Zeit keine ethnischen Konflikte hervor, die Gegensätze waren vielmehr mentaler, kultureller und wirtschaftlicher Art. Der katholische Erzbischof von Skopje beschrieb im 17. Jh. die – notabene katholischen – Einwanderer aus den Bergen als stets zu Mord und Totschlag bereit und deutete auf den Mentalitätsunterschied zwischen Ebene und dem Hochland mit seinem Ehrenkodex hin. Die Bewohner der Ebenen misstrauten den Berglern, die ohne Rücksicht auf eventuelle religiöse oder ethnische Gemeinsamkeiten periodisch Plünderzüge unternahmen, so die Malësoren um Shkodra, die Mirditen um Lezha, die Männer des Berglands von Gjakova und Luma im heutigen Westkosovo. Die Zuwanderer prallten mit bestehenden Dorfgemeinschaften, aber auch mit den osmanischen Behörden zusammen, da sie ihr Gewohnheitsrecht beibehalten wollten.

Die Vorstellung eines kompakten albanischen Gebietes, das etwa dem heutigen Albanien entspräche und von dem aus eine Auswanderung nach allen Himmelsrichtungen erfolgte, ist freilich auch ungenau. So trugen laut osmanischen Steuerregistern im 16. Jh. Männer in den südalbanischen orthodoxen Landschaften Dropull und Himara nicht nur albanische, griechische sowie orthodoxe, sondern auch slawische Taufnamen (wie Župa, Brat, Vlas, Mlado, Glava, Božić, Stajko, Andrica, Petko), was, fernab der albanisch-slawischen Sprachgrenze, auf Reste der einst starken slawischen Bevölkerung im Süden hindeutet. Entlang der Via Egnatia stieß rund 100 Jahre später Evliya Çelebi auf vereinzelte Slawischsprechende.

Zahlenmäßig bedeutender aber waren die ebenfalls orthodoxen, ganz überwiegend balkanromanischsprachigen Vlachen oder Aromunen, die mit den Albanern seit dem Frühmittelalter durch die gemeinsame Hirtenkultur sehr eng verbunden waren. Vlachische und albanische Hirtenkatune sind für das 14. Jh. im westlichen Kosovo und in Nordalbanien belegt. Doch in fast allen Teilen unseres Betrachtungsraumes siedelten verstreut Vlachen. Diese zerfielen in einen sesshaften Teil, der sich mit Handel und Handwerk beschäftigte, und einen seminomadischen Teil, der von Sommerweiden im Gebirge auf Winterweiden in der Ebene wechselte. Sprachlich passten sie sich bisweilen an ihre Umgebung an, so die sog. Farşeroten, auch Albanisch sprechende Vlachen (Eigenbezeichnung: Rrămăn), die von den Griechen «Arvanitóvlachoi» (Albanervlachen) genannt wurden und erst im 20. Jh. zur Sesshaftigkeit übergingen. Eine besonders dichte aromunische Siedlung bestand in der Ebene von Myzeqeja (um Fier). Das Zentrum aromunischer Händler lag bis 1788 in Voskopoja; als dieses von muslimischen Räubern geplündert und zerstört worden war, wanderten die Aromunen u. a. in das hoch gelegene makedonische Kruševo aus. Gerade die Aromunen von Voskopoja betrieben im 18. Jh. ihre Geschäfte weit hinein nach Mitteleuropa. Die «griechische» (d. h. orthodoxe) Kaufmannschaft in Wien bestand zu erheblichen Teilen aus Aromunen. Zur transterritorialen Geschichte des Balkans gehören auch die Bankherren aus dem Geschlecht der Barone von Sina, um 1850 eines der mächtigsten Bankhäuser Europas mit Sitz in Wien – woran heute noch eine Sina- und eine Dumbagasse erinnern.

Eine kleine, vorwiegend im 16. und 17. Jh. bedeutsame Gemeinschaft bildeten die Juden, die in Griechischsprachige (Romanioten, so in Ioánnina) und Sepharden zerfielen. Letztere wanderten um 1500 in Städte wie Vlora, Berat und Monastir ein, verloren durch Abwanderung nach Saloniki aber an Bedeutung. Im Vergleich zu den ägäischen Regionen des Osmanischen Reiches war die Zahl der Juden im albanischen Geschichtsraum im 19./20. Jh. bescheiden. Rund 800 albanische Juden wurden im Zweiten Weltkrieg von Albanern vor dem Holocaust bewahrt.

Schließlich finden wir sowohl sesshafte als auch als Vollnomaden lebende Roma; Erstere, Jevgjit genannt, wohnten in eigenen Vierteln in den Städten (in Berat gab es 1757 14 Häuser im Mahalle der Jevgjit), grenzten sich stark von nomadisierenden Roma ab und passten sich dem Albanischen an. Sie gingen v. a. Metall verarbeitenden Gewerben – oft für das osmanische Heer – nach.

Auf geradem Weg zur Nation?

In allen Ländern Südosteuropas hat die Geschichtsforschung den Nationalbewegungen größte Aufmerksamkeit gewidmet, und auch die außerregionale Wissenschaft hat im Balkan stets eine Region besonders starker nationaler Gegensätze gesehen. Dabei bestehen immer noch Meinungsverschiedenheiten bei der Frage, ob die Nation seit jeher Bestand hatte oder nicht vielmehr im 19./20. Jh. «konstruiert» wurde. In den letzten Jahren hat die Forschung verdeutlicht, dass ethnisches und sprachliches – gleichsam «protonationales» – Bewusstsein lange vor 1800 verbreitet waren. Das Zeitalter des Nationalismus zeichnet sich dadurch aus, dass diese Vorstellungen in neu zugespitzter Form politisch wirksam wurden, wirksamer, als sie es zuvor gewesen waren. Auch das Modell einer linearen Entwicklung von vormodernen zu modernen nationalen Gesellschaften wird zunehmend infrage gestellt. Der Übergang von einem religiös, regional, örtlich, gesellschaftlich oder beruflich bestimmten Selbstverständnis zu einer Massengesellschaft von Individuen, deren primärer Bezugspunkt die ethnisch, d.h. durch gemeinsame Sprache und Herkunft sowie im Idealfall durch einen eigenen Nationalstaat, definierte Nation darstellt, lief nicht «mechanisch» ab. Er erfasste auch nicht alle Teile einer späteren Nation gleichzeitig und war nicht unumkehrbar. Stufenmodelle, die eine Abfolge von der «nationalen Aufklärung» durch einzelne Gelehrte über Kulturvereinigungen und politische Klubs zur Massenbewegung (und der Nationalstaatsgründung als Höhepunkt und Abschluss) herausarbeiten, wurden von der Forschung deutlich verfeinert.

Vor diesem Hintergrund ist auch die albanische Nationalbewegung zu betrachten, die im albanischen Sprachgebrauch als «Rilindja» («Wiedergeburt») bezeichnet wird. Beide Begriffe sind problematisch: «Nationalbewegung» vermittelt den Eindruck einer linearen, zielgerichteten, breite Massen erfassenden Entwicklung;

«Wiedergeburt» legt nahe, dass es die Nation schon einmal gegeben habe, dass sie aber gleichsam gestorben sei – eine Vorstellung, die sich bei Italienern (Risorgimento) oder auch Bulgaren (văzraždane) findet. Beides trifft im albanischen Fall nicht zu: Weder gab es eine einheitliche, sich linear entwickelnde und zahlenmäßig verbreiternde Bewegung mit klaren Zielen, noch hatte vor 1912 eine politische Nation bei den Albanern bestanden. Auch bei der Entstehung eines nationalen Selbstverständnisses und schließlich eines Nationalstaates stellen die Albaner keinen Ausnahmefall dar; nationale Aktivisten traten hier auch nicht viel später auf als bei Griechen und Serben. Die Albaner sind keine verspätete Nation, sie gelangten nur später zu einem eigenen Staat, der über Schule und Armee Identitätspolitik betrieb und so die moderne Nation im Innern schuf.

Das Aufkommen nationaler Ideen bei den Albanern kann kaum als Antwort auf eine umfassende gesellschaftliche und wirtschaftliche Modernisierung verstanden werden, denn im osmanischen Westbalkan änderte sich an der traditionellen Landwirtschaft, bei der die meisten Bauern von muslimischen Gutsbesitzern abhängig waren, nur wenig. Technische Neuerungen drangen ebenfalls kaum vor: Telegraph und eine einzige Bahnlinie (Saloniki–Mitrovica 1874) dienten Zwecken der osmanischen Armee. Veränderungen erreichten die Bevölkerung zum einen durch die Ausdehnung der Schulbildung, die aber nicht einheitlich war, sondern vom osmanischen Staat, den christlichen Balkanstaaten, orthodoxen, katholischen und neu auch protestantischen Kirchen in harter Konkurrenz getragen wurde. Das wachsende Schulwesen verstärkte religiöse Gräben und schuf neue ethnische Gegensätze. Zum anderen stieg in der zweiten Hälfte des 19. Jh.s die Auswanderung überwiegend orthodoxer Südalbaner stark an, die Gedankengut ihrer Aufnahmegesellschaften in die alte Heimat vermittelten.

Den Anstoß zur Veränderung des Gruppenbewusstseins aber gaben politische und militärische Ereignisse: Die osmanische Reformpolitik (Tanzimat), die den Staat stärken wollte, griff in Privilegien besonders der Muslime ein und rief breiten Widerstand hervor. Nicht nur die Reformen, sondern auch die mit ihnen kausal verbundenen militärischen Niederlagen, v. a. die katastrophalen

Gebietsverluste des Osmanischen Reiches in der Großen Orientkrise (1875–1878), verunsicherten die Balkanmuslime zutiefst: 1878 musste der Sultan Rumänien, Serbien und Montenegro in die völkerrechtliche Souveränität entlassen, das Reich verlor zudem mit Bosnien-Herzegowina, Bulgarien sowie Thessalien (1881) Kernprovinzen. Aus dem von Serbien eroberten oberen Moravatal zwischen Niš und Vranje strömten muslimische Flüchtlinge ins Reich, die sich besonders im Kosovo niederließen (1877). Im Gegensatz zu den meisten Flüchtlingen aus Bosnien, die nach Süden weiterzogen, blieben muslimische Albaner im Lande. Diese sog. Muhaxhir brachten Gewalterfahrung, aber auch Gewalt mit, da sie sich an Kosovoserben rächen wollten. Die Furcht vor Flucht und Vertreibung ließ die Balkanmuslime nicht mehr los: Die osmanischen Westprovinzen wandelten sich in Gesellschaften der Angst. Griechenland, Bulgarien, Serbien, aber auch Montenegro und in geringerem Maße Rumänien betrieben über Konsulate und Schulen die Nationalisierung der orthodoxen Bevölkerung besonders im makedonischen Raum, wo sich ein brutaler Kleinkrieg zwischen griechischen, bulgarischen und serbischen Banden entspann, der 1904–1908 seinen Höhepunkt erreichte. Osmanische Armeniermassaker in Anatolien (1896) und der vom Sultan gewonnene, auf Druck der Großmächte diplomatisch jedoch verlorene Osmanisch-Griechische Krieg (1897), ein Wendepunkt für albanische Nationalaktivisten, verstärkten die Spannungen. Der Berliner Kongress (1878), der die Gebietsverluste des Reiches festgelegt hatte, leitete auch eine Phase massiver Einmischung der Großmächte ein, die ebenfalls über Konsuln und Schulen Klientelnetzwerke aufbauten: Österreich-Ungarn, Russland und Italien rangen im südwestlichen Balkan verstärkt um Einfluss, wobei sich zwischen diesen Staaten bereits die Mächtekonstellation des Ersten Weltkriegs abzeichnete.

In dieser sich rasch verändernden politischen Lage sahen sich die Albaner starkem ideologischem Druck ausgesetzt. Sie waren um 1850 nicht als Nation existent, sondern galten den osmanischen Behörden bald als «Türken» (d. h. Muslime), «Griechen» (Orthodoxe) oder «Lateiner» (Katholiken), und so empfanden sie sich zumeist auch. Religiöses Selbstverständnis band albanische Muslime in manchem enger an muslimische Türken und Südslawen als an christliche Albaner, und orthodoxe Albaner empfanden zunächst eher Solidarität mit anderssprachigen Orthodoxen als mit albanischen Muslimen. Sowohl das Osmanische Reich wie die konkurrierenden Balkanstaaten bauten auf diese Strukturen ihre Identitätsstrategien auf: Nach dem Beinahezusammenbruch von 1878 stellte sich Sultan Abdül Hamid bewusst als Kalif aller Muslime dar und verstärkte ein muslimisches Schulwesen, das nichttürkische Muslime, darunter auch die Albaner, im Sinne einer panislamischen Idee umwarb. Diese trat dominant neben den Osmanismus, der religionsübergreifenden Loyalität zum Reich, die von osmanischen Reformern vertreten wurde. Gegen Ende des 19. Jh.s eröffnete sich mit dem oppositionellen reformorientierten Jungtürkentum eine weitere Option für albanische Muslime, die freilich auch den Weg des Turkismus bedeuten konnte, also die Assimilierung nichttürkischer Muslime an den türkischen Nationalismus. Griechenland sah in allen Orthodoxen des albanischen Südens ungeachtet ihrer Sprache Griechen, da nicht Herkunft, sondern Glaube und Kulturbewusstsein die Zugehörigkeit zur griechischen Nation bestimmten, eine Argumentation, die jener des zeitlich späteren türkischen Nationalismus entsprach. Montenegro sah in den katholischen Nordalbanern Verwandte in Stammesstruktur, Herkunft und Mentalität; Serbien erblickte in den albanischen Muslimen des Kosovo islamisierte und albanisierte Serben. Auch einzelne Großmächte betrieben Identitätspolitik, v. a. Österreich-Ungarn, aber auch Italien, die bei einem Zusammenbruch des Osmanischen Reiches ein serbisches Ausgreifen an die Adria fürchteten. Die Donaumonarchie plante ein autonomes Albanien innerhalb des Osmanenreiches oder im äußersten Fall einen unabhängigen Staat: Dieser aber benötigte eine nationalbewusste Bevölkerung. Ohne Geschichts- und Kulturbewusstsein – und dieses fehlte um 1860 nach Fallmerayers Diktum im albanischen Balkan fast vollständig – und eine historische Rechtfertigung eines solchen Staates vor der europäischen Öffentlichkeit war dieses Ziel nicht zu erreichen. Wie im 1878 besetzten Bosnien-Herzegowina betrieben österreichische und ungarische

Diplomaten und Gelehrte auch in Albanien Identitätspolitik und «nation-building», daneben aber halbkoloniale Interessenpolitik, die sich auf das sog. Kultusprotektorat über die nordalbanischen Katholiken stützte; der italienische Konkurrent verstärkte am Ende des 19. Jh.s ähnliche Bemühungen.

Auch wenn mechanistische Phasenmodelle mit Skepsis zu verwenden sind, da sie regionale Unterschiede und individuelle Identitätsoptionen nicht wiedergeben, lassen sich Stufen der Ausbreitung nationalalbanischen Gedankengutes feststellen: Vom Beginn des 19. Jh.s bis zum Krimkrieg (1853–1856) blieb dieses auf sehr enge Kreise beschränkt. Zur Zeit Ali Paschas und des griechischen Freiheitskrieges gegen die Osmanen (1821–1829) wuchs in Europa das Interesse an Albanern, und in diesem Umfeld entstanden albanisch-griechische Wörterbücher und Grammatiken wie die des Márkos Bótsaris oder des Arztes Ioánnis Vilarás. Bei der Herausbildung einer albanischen Schriftsprache gab die protestantische British and Foreign Bible Society, in deren Auftrag 1827 auf Korfu eine albanische Übersetzung des Neuen Testaments gedruckt wurde, entscheidende Anstöße; in der zweiten Jahrhunderthälfte förderte sie eine weitere Übertragung durch den Sprachschöpfer Konstantin Kristoforidhi (1827–1895). Es ist bemerkenswert, dass eine protestantische Bibelübersetzung die Sprachentwicklung eines mehrheitlich muslimischen Volkes so entscheidend prägte. Neben Arvaniten taten sich besonders Arbëresh – Albaner in Italien – bei der Entdeckung albanischer Sprache und Geschichte hervor.

Zwischen 1856 und 1876, dem Höhepunkt der Tanzimat, entstand ein albanisches Pressewesen, besonders in Griechenland und der Diaspora; europäische Konsuln weckten das Interesse gebildeter Albaner an ihrer Kultur; nationalkulturelle Aktivisten traten in engere Beziehung zueinander. Kultureller Fixpunkt, aber auch zunehmend ideologischer Gegner waren Griechenland und die griechische Kultur, welche auch führende muslimische Südalbaner stark beeinflussten (besonders durch das Elitegymnasium Zosímaia in Ioánnina).

Die Große Orientkrise (1875–1878) mobilisierte erstmals Menschenmassen, v. a. aber Teile der Eliten, die mit nationalalbanischem

Aktivismus bislang nicht in Berührung gekommen waren. In Istanbul wurde 1878 mit diskreter Duldung des Sultans ein albanisches Komitee zur Abwehr von Gebietsabtretungen gegründet, und im westlichen Balkan entstanden regionale Zusammenschlüsse von Tosken und Gegen, als Defensivbündnisse gegen griechische, serbische, montenegrinische und bulgarische Expansion. Zwischen 1878 und 1908 erreichten Panislamismus, die Konkurrenz der Balkannationalstaaten und der Großmächte ihren Höhepunkt. Im Milieu der nationalalbanischen Aktivisten entwickelte sich ein «dominanter Diskurs» (Nathalie Clayer), in der Diaspora vermehrten sich die Vereine; albanische Muslime beteiligten sich aber auch an der überethnischen muslimischen Opposition der Jungtürken.

Der jungtürkische Putsch (1908) enttäuschte die Hoffnung dieser albanisch-muslimischen reichsloyalen Reformer sehr rasch: Die Jungtürken verstärkten die Zentralisierung, bekämpften politische und kulturelle Autonomieforderungen nichttürkischer Muslime und betrieben eine türkisch-nationale Assimilierungspolitik gegen albanische Muslime. Dies traf das nach 1908 aufblühende nationale Vereins- und Schulwesen der Albaner, in dem sich besonders in Südmittel- und Südalbanien sowie den Regionen Shkodra und Monastir nationalalbanische Ideen stark ausgebreitet hatten. Das multiethnische Jungtürkenmilieu zerbrach, und von 1909 bis 1912 erschütterten regionale Aufstände und osmanische Strafexpeditionen die albanischen Siedlungsgebiete. Dieser Konflikt erklärt auch den raschen Zusammenbruch der osmanischen Herrschaft im Herbst 1912: Viele albanische Soldaten verweigerten den Dienst im osmanischen Heer; ihre Freischaren wurden von den regulären Armeen Serbiens, Montenegros und Griechenlands rasch besiegt.

Das Gedankengut, aus dem sich der «dominante Diskurs» gegen Ende des 19. Jh.s herausbildete, umfasst bereits besprochene Ideologeme wie Autochthonität, Siedlungskontinuität, Alter der albanischen Sprache, religiöse Indifferenz und Toleranz und das ausgeprägte überreligiöse Nationalgefühl der Albaner in Abgrenzung zu muslimischen Türken sowie orthodoxen Griechen und Südslawen. Es speiste sich aus mehreren Quellen: dem italienischen Risorgimento, vermittelt durch die Arbëresh; dem griechischen Nations-

und Kulturgedanken, vermittelt durch Arvaniten und griechische Schulen; französischen Nationsideen, vermittelt durch reformierte osmanische Schulen und Militärakademien. Nationalismus, Laizismus, in Ansätzen auch Gedankengut Gobineaus flossen in den wichtigsten Programmschriften zusammen, die alle zunächst einen betont defensiven Charakter aufwiesen. Anstöße gaben auch Schriften europäischer Konsuln und von Vertretern der entstehenden Albanienwissenschaft.

Aus dem Nichts erfunden haben die Nationalaktivisten die albanische Nation freilich nicht: Die Albaner wussten um ihre Besonderheit in einem sprachlich andersartigen Umfeld. Der junge Nationsname «shqiptar» umfasste Muslime wie Christen und verweist auf ein durch Sprache geprägtes Gemeinschaftsgefühl. Die Abgrenzung gegenüber den «shkja», den Südslawen, war noch viel älter. Umgekehrt wurden Albaner auch von Außenstehenden, auf dem Balkan wie im Abendland, als gesonderte ethnische Gemeinschaft aufgefasst. Um 1860 war dieses Gemeinschaftsgefühl politisch noch nicht wirkmächtig. Dass – nach Pashko Vasa – die Religion des Albaners das Albanertum sei, war Wunsch und Ziel.

Im praktischen politischen Handeln glich bis zum Ende des 19. Jh.s bei den wirklich einflussreichen Kreisen – und dies waren muslimische Großgrundbesitzer, städtische Notabeln, Stammes- und Bandenführer – das Programm ähnlichen Forderungen in Bulgarien oder auf Kreta: regionale Selbstverwaltung unter Anerkennung eines fernen Sultans, ohne Steuern und ohne Stellung von Rekruten. Dabei ließen sich schon in der ersten Hälfte des 19. Jh.s Wünsche nach einer Zusammenfassung aller Albaner in einer osmanischen Provinz erkennen, vergleichbar etwa dem Regionalismus der bosnischen Muslime. Zu einem positiven Programm ausformuliert haben diese alten Forderungen südalbanische Bektashi und Orthodoxe (1878). Ihre albanische Großprovinz mit albanischer Amtssprache sollte sogar eine eigene Generalversammlung und eigene Truppen besitzen und damit faktisch einen unabhängigen Staat bilden, über den der Sultan nur noch eine lose Oberherrschaft ausgeübt hätte. Dieses radikale Programm wurde von nordostgegischen Notabeln übernommen, fand aber vor dem Aufstand im

Frühjahr 1912 bei der fast ganz sunnitischen Bevölkerung östlich der Berge – aber auch im ebenfalls fast ganz sunnitischen Mittelalbanien – keine breitere Anhängerschaft. Die «Liga von Prizren» (1878–1881) hatte denn auch als überethnischer Zusammenschluss von Sunniten – in einem Bogen von Novi Pazar bis nach Makedonien – begonnen, wobei die Nichtalbaner aber marginal blieben. Sie forderte anfangs vornehmlich die Unversehrtheit des Reichsgebiets und die Wiedereinführung des islamischen Şeriatrechts, was die wenigen christlichen Vertreter (nur 5 von 38) nur unter Druck mittrugen. Nationale Ideen fanden dann v. a. über Vermittlung südalbanischer Aktivisten Eingang in das Ligaprogramm. Die zweite Liga östlich der Berge, 1899 in Peja gebildet, erwies sich als ähnlich konservativ; die meisten Mitglieder folgten dem Führer Haxhi Mulla Zeka nicht mehr, als dieser erneut eine albanische Großprovinz verlangte. Bis 1912 fand östlich der Berge nationalalbanisches Gedankengut nur in der von der makedonischen Krise national mobilisierten multiethnischen Region Monastir sowie bei einer kleinen Gruppe modern gebildeter Muslime Unterstützer. Die überwiegende Mehrheit der albanischen Sunniten, die wiederum bei den Albanern die Mehrheit bildeten, sahen keinen Grund, sich vom Sultan-Kalifen abzuwenden. Was sie wollten, war Autonomie, und diese hatten sie 1912 beinahe mit Waffengewalt erzwungen. Genau dies rief aber die Balkanstaaten auf den Plan, die ihre Expansionsziele gefährdet sahen.

Der «dominante Diskurs» fand nach 1900 im katholischen Milieu Shkodras, im orthodox und von Bektashiderwischen geprägten Süden sowie in der Region Monastir besondere Unterstützung. Er strebte als Symbol einer einheitlichen Nation eine einheitliche Schriftsprache und ein eigenes Alphabet an. Denn nichts machte die entlang religiöser Trennlinien verlaufende Vielfalt der Albaner so sichtbar wie die Alphabete, das arabische der Muslime, das griechische (sehr selten kyrillische) der Orthodoxen, das lateinische der Katholiken, von örtlichen Sonderalphabeten der Orthodoxen zu schweigen. In diesen Alphabeten schrieben die wenigen Alphabetisierten zumeist nicht Albanisch, sondern die Liturgie- bzw. Verkehrssprache ihrer Religionsgemeinschaft, Osmanisch-Türkisch, Griechisch, Italienisch, östlich der Berge auch Serbisch. 1879 hatte das Komitee in Istanbul ein Schriftsystem entwickelt, das auf dem lateinischen Alphabet beruhte, ergänzt um griechische und Sonderlettern, im praktischen Druckgebrauch aber schwer handhabbar war; katholische Geistliche erhöhten die Verwirrung durch eigene Erfindungen. Der 1908 in Monastir einberufene Kongress bekräftigte gegen heftigen Widerstand des muslimischen Klerus und des Osmanischen Reiches eine seit Jahrzehnten eingeschlagene Richtung: Als erstes mehrheitlich muslimisches Volk nahmen die Albaner das lateinische Alphabet an. Die Nationalaktivisten hatten damit einem grundlegenden Element der Nationalideologie zum Durchbruch verholfen: Die Albaner seien eine europäische Nation, keine Nachfahren «asiatischer Invasoren» wie die Türken, sie hätten ein Lebensrecht in Europa, da ihr Islam europäisch und nicht «fanatisch» und «barbarisch» sei. Der albanische Nationalismus lebte von der Abgrenzung von und der Herauslösung aus den Religionsgemeinschaften – der Orthodoxen von der griechischen Kultur, der Muslime von der osmanischen Tradition –, beides war äußerst schmerzhaft, denn jahrhundertealte kulturelle, v. a. aber religiöse Bande mussten durchschnitten werden.

Die Verbreitung nationalalbanischer Ideen erwies sich als äußerst schwierig, da die meisten Albaner nicht lesen konnten und keinen Zugang zu Medien hatten. Die osmanische Regierung verstärkte um 1900 ihre repressive Sprachpolitik und verbot den schriftlichen Gebrauch des Albanischen, der die Reichstreue muslimischer Araber gefährdete, die über die osmanische Sprache in der Verwaltung, die arabische Sprache in der Religion an Staat und Umma gebunden werden sollten. Albanische Drucke wurden v. a. von protestantischen Missionen und den Konsulaten einiger Großmächte, ansonsten oft durch Schmuggel an den osmanischen Behörden vorbei verbreitet. Die oft kurzlebigen, teilweise von Großmächten finanzierten Zeitungen fanden nicht nur bei Alphabetisierten, sondern durch Vorlesen auch in weiteren Kreisen Verbreitung. Die Zentren der nationalalbanischen Publizistik befanden sich jedoch in der Diaspora außerhalb des Osmanischen Reiches. Albanische Schulen entstanden wegen der Behinderung durch osmanische Behörden vor 1908 nur in von ausländischen Mächten geschützten Bereichen: katholische Ordensschulen sowie das kurzlebige protestantische Gymnasium in Korça. Albanische Identitätsfindung erfolgte aber durch Abgrenzung gegenüber konkurrierenden Optionen auch an osmanisch-muslimischen wie an vom Ausland (Griechenland, Serbien, Bulgarien) unterstützten Schulen. Es fehlte den albanischen Aktivisten auch eine feste Organisation: Das Vereinswesen in der Diaspora erwies sich als instabil und anfällig für Fraktionskämpfe; es gab keine einheitliche Bewegung, geschweige denn einen Führer.

Die Träger der nationalalbanischen Ideen fanden sich in verschiedenen Milieus, die erst allmählich miteinander in Verbindung traten. Wie bei den entsprechenden griechischen, serbischen und bulgarischen Entwicklungen lagen die ersten intellektuellen Zentren der albanischen Nationalaktivisten vor 1912 außerhalb des engeren Siedlungsgebietes: in Istanbul, Bukarest, Sofia, Kairo, Alexandria, Paris, daneben in Unteritalien sowie bis in die 1880er-Jahre auch in Athen. Eine Sonderstellung nahmen europäische Albanologen ein, die in Beziehung zu Nationalaktivisten standen. Auf dem Balkan selbst bildeten sich in der zweiten Hälfte des 19. Jh.s langsam drei konfessionelle Milieus aus: ein enger Zirkel katholischer Geistlicher in Shkodra; eine zahlenmäßig bedeutendere Gruppe orthodoxer Händler und Handwerker mit starker Anbindung an die Diaspora; schließlich Angehörige der neuen osmanischen Offiziers- und Verwaltungselite, die im Zuge der osmanischen Reformen eine westlich orientierte Ausbildung (u. a. Französischunterricht) erhalten hatten und sich gegen die autokratische Herrschaft des Sultans wandten. Lebensläufe führender muslimischer Nationalaktivisten, «imperiale Biographien», zeigen, wie sehr sich in diesem Milieu Osmanismus, albanischer Nationalismus und westliche Einflüsse vermengten und welche politischen und Identitätsoptionen sich eröffneten:

Der aus Struga am Ochridsee stammende Ibrahim Temo (1865–1939) hatte die osmanische Militärmedizinakademie, Hort der Reformer, absolviert. 1889 gründete er mit einem Tscherkessen und zwei Kurden eine oppositionelle Geheimorganisation, für die er albanische Muslime wie den Kosovaren Nexhip Draga, aber auch orthodoxe Aromunen warb. Er knüpfte Verbindungen zu osmanischen Oppositionellen in Paris. Sein Einsatz für die Reichsreform in Allianz mit anderen reichsloyalen Gruppen – Temo gehörte zu den Gründern des «Komitees für Einheit und Fortschritt», der Zentralorganisation der Jungtürken – hinderte ihn aber nicht daran, in der rumänischen Diaspora nationalalbanische Tendenzen maßgeblich zu fördern.

Hasan Prishtina (1873–1933) besuchte die Schule in Vučitrn (Kosovo) und dann das französische Gymnasium in Saloniki. Auf der Verwaltungshochschule in Istanbul kam er in Berührung mit Jungtürken und albanischen Nationalaktivisten. Die Zukunft der muslimischen Albaner sah er in einem reformierten osmanischen Reich, das Schutz gegen Serbien bieten würde. 1908 wurde er als Abgeordneter in das jungtürkische Parlament gewählt. 1909 schloss er sich mit dem späteren Staatsgründer Ismail Qemal bej Vlora zusammen, 1911 mit dem einflussreichen Südalbaner Mit'hat Frashëri. Gemeinsam mit dem albanischen Abgeordneten von Skopje, Nexhip Draga, förderte er die Gründung albanischer Schulen und den Albanischunterricht an türkischen Schulen. Er brach mit den Jungtürken aus Protest gegen deren Strafexpeditionen in den albanischen Bergen und strebte ein bulgarisch-albanisches Bündnis gegen Serbien an. Im Frühjahr 1912 stellte er sich an die Spitze eines Aufstands, der die osmanische Herrschaft beinahe zum Einsturz brachte. Dem serbischen Vormarsch im Herbst 1912 vermochte er nichts entgegenzusetzen; er wurde gefangen, kam über Italien aber frei und diente 1913 und 1914 als Landwirtschafts- und Postminister im jungen albanischen Staat.

Als Väter der albanischen Nation gelten die Gebrüder Frashëri, darunter Sami Frashëri (1850–1904). Er wirkte nicht nur als Nationalaktivist, sondern verfasste als Şemseddin Sami den ersten Roman in türkischer Sprache und ein grundlegendes türkisch-französisches Wörterbuch – sein Sohn, der eine türkische Identität wählte, war der erste Präsident des Fußballvereins Galatasaray Istanbul.

In albanischen, osmanischen und abendländischen Bezügen lebte auch Eqrem bej Vlora (1885–1964), der deutschsprachige Memoiren hinterließ. Er verkörpert die Vielgestaltigkeit der alten Elite: Aus einer Familie stammend, die einen Großwesir stellte, wurde er in Istanbul und dann am Wiener Elitegymnasium Theresianum erzogen. Mit österreichisch-ungarischer Unterstützung betätigte er sich als albanischer Nationalist, gleichzeitig entsandte ihn der Sultan zur Eröffnung der Hedschasbahn, die Mekka mit Medina verband (1908). Er ehelichte eine muslimische Dame, unterhielt aber eine enge Beziehung zur bayerischen Publizistin Amelie von Godin (1882–1956), mit der zusammen er wissenschaftliche Werke veröffentlichte. Der hochgebildete Bej beherrschte Persisch wie Deutsch und Französisch, war Osmane und albanischer Nationalist in einer Person, europäisch gebildeter Schriftsteller, aber auch Vertreter der reformfeindlichen Großgrundbesitzer und später Anhänger des italienischen Faschismus. Osmanismus, Jungtürkentum und Turkismus sowie «Albanismus» – sie alle waren in diesem Milieu eng verwoben und schlossen sich im selben Lebenslauf, in derselben Familie nicht aus. Ob ein Frashëri sich als Albaner, Osmane oder Türke definierte, hing von seinem Wohnort, seinem politischen, gesellschaftlichen und wirtschaftlichen Umfeld ab, aber auch von seiner persönlichen Wahl.

Auch bei den Orthodoxen verliefen die Wege der Identitätsbildung vielfältig. Im Gegensatz zu den stark südslawisch assimilierten albanischen Orthodoxen östlich der Berge bildeten in Südalbanien Albaner vor Griechen und Aromunen die größte Sprachgruppe innerhalb der Orthodoxen. Ihre Diaspora, besonders aus der Handelsstadt Korça, wurde bereits in den 1880er-Jahren von nationalen Ideen erfasst. Die orthodoxe Bevölkerungsgruppe hatte sich 1870 in Anhänger des bulgarischen Exarchats und des Patriarchats von Konstantinopel geteilt und somit einen ersten Nationalisierungsschub erhalten. Im südwestlichen Balkan bekämpfte das Patriarchat die kulturelle Emanzipation von Aromunen (seit den 1860er-Jahren, unterstützt auch von Rumänien) und Albanern und machte dabei auch vom Kirchenbann Gebrauch. Die zunehmende Nationalisierung der griechischen Außenpolitik gegenüber den Albanern (v. a. nach 1878) ersetzte die Pelasgertheorie von der gemeinsamen Herkunft durch griechische Kulturhegemonie und Assimilationsstrategie. Hatten schon die Bulgaren vor ihrer gegen die Osmanen erkämpften Staatsgründung sich von der griechischen Vorherrschaft in Kirche und Kultur lösen müssen, so sahen sich orthodoxe Nationalaktivisten bei Albanern wie Aromunen in einer ähnlichen Lage. Dabei hatten in den 1860er-Jahren nationalbewusste Diasporaorthodoxe – ähnlich bulgarischen Gelehrten des frühen 19. Jh.s – die griechische Kultur noch als «Mutter» anerkannt: Griechisch, Sprache des Glaubens, der Bildung und des Handels, genoss ein sehr hohes Ansehen, aber als überethnische Sprache. Als der griechische Nationalismus dieses Prestige für ethnonationale Expansion einsetzte, stieß dies nichtgriechische Orthodoxe zunehmend zurück. Doch auch im albanisch-orthodoxen Milieu waren die Trennlinien und Entwicklungen alles andere als einheitlich. Die Bukarester Diaspora etwa zerfiel in den 1880er-Jahren in eine Gruppe griechenfreundlicher, antiosmanischer reicher Kaufleute und eine Mehrheit griechenfeindlicher Angestellter, die im Osmanischen Reich und im Zusammengehen mit albanischen Muslimen die Zukunft sahen: Konfessionelles und neues überreligiöses Bewusstsein prallten aufeinander. Wie bei den Muslimen hing die Entscheidung für eine Identitätsoption auch von persönlichen Motiven ab. Schulzugang, Stipendien, Emigration und Arbeitsmöglichkeit in Griechenland oder Rumänien konnten Risse quer durch die Familien hervorrufen: So neigte der Bruder des wegen seiner nationalen Ideen 1905 von Griechen ermordeten Papa Kristo Negovani der aromunischen Identität zu; nicht er, sondern ein muslimischer Bandenführer erschoss aus Rache den griechisch orientierten Bischof von Korça.

In einem zumeist multiethnischen Umfeld konkurrierender Identitätsoptionen waren die Beziehungen albanischer Nationalaktivisten zu den Vertretern anderer nationaler Bewegungen, zum osmanischen Staat und den europäischen Konsulaten sehr eng. Ideen und Organisationsformen wurden übernommen, etwa die Bildung geheimer Komitees, die Albaner im Milieu sowohl der Jungtürken wie der «Inneren Makedonischen Revolutionären Organisation» (IMRO, gegründet 1893) kennenlernten. Es ergaben sich aber auch Zweckbündnisse, bisweilen auch ideologische Verbindungen mit anderen Aktivisten, zumeist wenn es gegen einen gemeinsamen

Gegner ging. Diese Allianzen wurden ganz überwiegend auf regionaler und lokaler Ebene geschmiedet, eine gesamtalbanisch koordinierte Bewegung entstand vor 1912 nicht. Im orthodoxen Milieu fanden sich so albanische und aromunische Aktivisten gegen den griechischen Nationalismus zusammen. Östlich der Berge festigte sich nach dem serbischen Sieg (1912) ein albanisch-(makedo-)bulgarischer Zusammenschluss gegen Serbien, der aber 1915–1918 zerbrach, als Bulgarien Makedonien verwaltete und eine Bulgarisierungspolitik betrieb. Nordalbanische Katholiken wandten sich vor 1912 aus antimuslimischen Ressentiments wiederholt an Montenegro und Serbien um Hilfe, und selbst muslimische Albanerführer im Kosovo nahmen zeitweise Waffen und Geld aus Serbien, das inneralbanische Fehden am Leben hielt und Schutz für die Serben im Kosovo erkaufte.

Am Vorabend des osmanischen Zusammenbruchs auf dem Balkan stellte sich die albanische Nationalbewegung als vielschichtiges Gebilde dar. Westlich der Berge waren komplizierte überreligiöse Identitätskonstruktionen vonnöten, um Albaner aus alten soziokulturellen und politischen Bindungen zu lösen. Östlich der Berge, in einem ethnisch deutlich heterogeneren Umfeld, blieb die intellektuelle Ausrichtung der Nationalaktivisten schwach, denn dort waren beinahe alle Albaner Muslime, und es existierten klare Trennungslinien zwischen in der Regel bewaffneten Muslimen, d. h. überwiegend Albanern, und zumeist unbewaffneten Orthodoxen, d. h. mehrheitlich Südslawen (Serben und Makedobulgaren). Eine Ausnahme bildete die Region Monastir, wo albanische Muslime in intensivem Austausch mit reformorientierten gebildeten osmanischen Muslimen standen. Region, Glaube, Bildungsgrad, Generation, berufliches Umfeld erwiesen sich als wichtigste Faktoren für die Annahme einer Identitätsoption besonders in ethnisch bzw. kulturell stark gemischten Gebieten. Ob ein albanischer Muslim sich als Osmane, Türke oder Albaner verstand, ein albanischer Orthodoxer als Grieche, Aromune oder Albaner, hing also nicht nur von der – in Mischgebieten ohnehin schwer feststellbaren – ethnischen Herkunft ab. Insofern unterschied sich der südwestliche Balkan nicht von den böhmischen Ländern oder anderen europäischen

Regionen, in denen Nationalaktivisten um die nationale Zugehörigkeit der Bevölkerung rangen. Wie viele Albaner im Jahre 1912 tatsächlich ein albanisch-nationales Bewusstsein besaßen, das sie über religiöse und kulturelle Bindungen an das Osmanische Reich oder Griechenland stellten, kann nicht ermittelt werden. Die ab 1912 ansteigende ethnonationale Gewalt wirkte aber mobilisierend und verstärkte Abgrenzungen, so im Kosovo, wo selbst Katholiken von Montenegrinern zwangsgetauft wurden, oder im Süden, wo 1914 griechische Banden Dörfer verwüsteten. Nationales Bewusstsein als Breitenphänomen sowie nationale Ideologeme verankerte, wie anderswo in Europa, über Schule und Militärdienst erst der Nationalstaat.

Staat und Nation (1912–1945)

Im Sommer 1912 marschierten albanische Aufständische in Skopje ein – die Schaffung eines autonomen Albanien im Osmanischen Reich schien greifbar nah. Hätten nicht die Balkanmächte bald darauf angegriffen, wäre wohl Skopje Hauptstadt eines Albanien mit Schwerpunkt östlich der Berge und einem weitestgehend sunnitischen Charakter geworden. Es kam aber anders. Als am 28. November 1912 in Vlora ein unabhängiger albanischer Staat ausgerufen wurde, war dies ein alternativloser Akt der Verzweiflung und nicht das glorreiche Ende einer langen Entwicklung. Führende Politiker östlich der Berge wie Hasan Prishtina, Bajram Curri, Isa Boletini oder Nexhip Draga waren gefangen oder auf der Flucht. Im Ersten Balkankrieg hatten Serbien, Montenegro und Griechenland weite Teile des osmanischen Westbalkans überrannt. 1913 fielen Shkodra und Ioánnina, serbische Truppen marschierten bis an die Adriaküste. Allein der Kriegsdrohung Österreich-Ungarns und der ebenfalls antiserbischen und antigriechischen Haltung Italiens verdankte der neue Staat sein Überleben. Mit der Gründung Albaniens hatte die späte Donaumonarchie ihren bleibendsten außenpolitischen Erfolg errungen. Der Gegensatz zu Serbien, das von Russland unterstützt wurde, sollte aber in kurzer Frist zum Ersten Weltkrieg führen. Es sollte bis 1922 dauern, bis der junge Staat sein

Territorium in völkerrechtlich anerkannten Grenzen auch vollständig kontrollierte. Festgelegt wurden diese auf einer Botschafterkonferenz in London (31.7. 1913), auf der sich die Mächte bereits in der Bündniskonstellation des Ersten Weltkriegs gegenüberstanden: Serbien und Griechenland behielten die meisten ihrer Eroberungen. Hier liegt der diplomatiegeschichtliche Ursprung des Kosovokonflikts, denn gegen den österreichisch-ungarischen Vorschlag, die ganz überwiegend albanische Westhälfte des heutigen Kosovo Albanien zuzuschlagen, setzten Russland und Frankreich die serbischen Interessen durch. Damit waren die Albaner auf dem Balkan erstmals in ihrer Geschichte auf verschiedene Nationalstaaten aufgeteilt. «*Sie haben uns die Städte genommen und uns die Berge gelassen, sie haben uns Dibra genommen und das Bergland gelassen, sie haben uns Gjakova genommen und uns das Bergland gelassen, so gleichen wir einem Körper ohne Kopf*», klagte der Shkodraner Politiker Luigj Gurakuqi.

Mit der Grenzziehung von 1913 ändert sich auch die Darstellung ihrer Geschichte: Nicht mehr eine imperial umrahmte Balkangeschichte, sondern die Konkurrenz regionaler Nationalstaaten prägt nun das Schicksal der Albaner.

Um den Thron des albanischen Fürstentums bewarben sich die eigenartigsten Abenteurer. Die Großmächte einigten sich als Kompromiss auf den protestantischen deutschen Adligen Wilhelm zu Wied, dessen kurze Regentschaft (März–September 1914) am Gegensatz der Mächte, dem von Griechenland betriebenen Separatismus im «Autonomen Nordepirus» (Februar 1914), dem Widerstand albanischer Regionalführer und einem von den Osmanen angestifteten sunnitischen Aufstand unter Haxhi Qamili (Mai 1914) scheiterte. Letzterer führte, auch unter dem Eindruck des griechischen Vorgehens im Süden, einen heiligen Krieg gegen den «ungläubigen» Fürsten und dessen Unterstützer aus dem nationalalbanischen Lager. Im Ersten Weltkrieg wurde der albanische Staat von Italien (Dezember 1914, Vlora), das im Juni 1917 einen Staat unter italienischem Schutz ausrief, Frankreich (Oktober 1916, Korça) und Österreich-Ungarn besetzt. Die Donaumonarchie übernahm nach dem Rückzug der serbischen Armee auch den Großteil des

Kosovo, während Bulgarien in den Südostkosovo und Vardar-Makedonien einrückte. Das militärische Patt endete mit dem Zusammenbruch der Mittelmächte auf dem Balkan im Spätsommer 1918. Mit französischer Hilfe eroberte Serbien Vardar-Makedonien und Kosovo zurück.

1920 beginnt mit der Aufnahme Albaniens in den Völkerbund die Geschichte des albanischen Nationalstaates und damit albanischer Staatlichkeit überhaupt. Es beginnt aber auch die Parallelgeschichte der Albaner inner- und außerhalb des Staates. 1923 lebten im jungen Nationalstaat 803 959 Menschen; 1931 gab Jugoslawien – nach offiziellen, wohl zu geringen Zahlen – 510 000 Albaner (in Kosovo, West- und Nordmakedonien, dem Preševotal und der Region Ulcinj) an, während 1928 rund 17 000 albanische Muslime (sog. Çamen) im griechischen Epirus erfasst wurden. Zwar hatten schon vor 1912 erhebliche regionale – kulturelle, religiöse, gesellschaftliche – Unterschiede zwischen den albanischen Siedlungsgebieten bestanden. Doch setzt nun eine Entwicklung ein, die «Albanien-Albaner» und «Jugoslawien-Albaner» sowie die weniger bedeutenden «Griechenland-Albaner» in ein neues Verhältnis brachte, allein schon, weil nun ein «Mutterland» entstand, während die Albaner jenseits der Grenzen von einer dominierenden Gruppe im Osmanischen Reich zu einer bedrängten religiösen und ethnischen Minderheit in einem christlichen südslawischen Staat wurden.

Der junge albanische Nationalstaat brachte die innere und äußere Nationsbildung zum Abschluss: die innere, da über Schule und staatliche Einrichtungen der nationale Gedanke institutionell verankert und den Einwohnern des Staates vermittelt wurde; die äußere, da nun auch die Albaner über einen eigenen Staat verfügten: zentralistisch aufgebaut, verwaltet in der neuen Hauptstadt Tirana, einem fernab der Grenzen und daher geschützt liegenden Landstädtchen. Der Zentralismus überdeckte jedoch kaum die starken historischen Unterschiede zwischen den Teilregionen.

Die Ausgangslage dieses Staates 1920 glich teilweise jener der Türkei, die ab 1923 Republik war – ein kriegsversehrter Gebietsrest des Osmanischen Reiches mit mehrheitlich muslimischer Bevölkerung, beinahe ohne moderne Infrastruktur, ohne Industrie, eben erst befreit von Besatzung durch die Siegermächte des Weltkriegs, umgeben von bedrohlichen Nachbarn: dem 1918 gegründeten «Königreich der Serben, Kroaten und Slowenen», ab 1929 Jugoslawien, das nur unter Druck der Siegermächte seine Truppen aus Albanien abzog; dem ab 1922 faschistischen Italien, das ab 1921 von denselben Mächten den Schutz des albanischen Staates zugewiesen erhielt; dem nach 1922 kriegsgeschwächten und krisenhaften Griechenland. Alle erhoben entweder halbkoloniale (Italien) oder territoriale Ansprüche auf Albanien. Vom Osmanischen Reich übernahm der junge Staat auch die soziale Zusammensetzung: wenige reiche muslimische Großgrundbesitzer, eine arme Bauernschaft in den Ebenen; eine in prekären Verhältnissen lebende ex-osmanische Beamtenschaft; zumeist orthodoxe Händlergruppen in Elbasan und Korça; die wirtschaftlich rückständige Stammesgesellschaft im Hochland.

Außenpolitisch gelang es Albanien nicht auf Dauer, sich der Umklammerung der übermächtigen Nachbarn in West und Ost zu entziehen. Italien hatte 1920 in einem Moment schwerster innenpolitischer Krise seine Truppen abgezogen, kehrte Mitte der Zwanzigerjahre aber als faschistische Macht in seinen adriatischen Hinterhof zurück. Ende 1924 eroberte der mittelalbanische Notable Ahmet Zogu mit jugoslawischer Hilfe die Macht, was aber Albanien nicht zu einem jugoslawischen Vasallen machte. Zogu – der sich 1928 zum «König der Albaner» (nicht: von Albanien) ausrufen ließ – näherte sich vielmehr Italien an (1. und 2. Tiranapakt, 1926/27), das eine aggressive Einkreisungspolitik gegen Jugoslawien betrieb. Albanien wurde zu einem faktischen Protektorat Italiens, das schrittweise durch vertraglich aufgezwungene «Berater» Ministerien, Heer und die wenigen größeren Betriebe unter seine Kontrolle brachte. Andere europäische Mächte zeigten sich an Albanien desinteressiert. Am 7. 4. 1939 überfielen italienische Truppen das Land und schlossen es Italien an, dessen König Vittorio Emanuele III. die albanische Krone annahm.

In die innerbalkanischen antirevisionistischen Stabilitätsbündnisse (Balkanpakt 1934) war Albanien als faktischer Kriegsverlierer nicht einbezogen. Die Frage der Albaner außerhalb der Staatsgrenzen schwebte stets über der regionalen Politik. 1918 war in Shkodra ein Komitee zur Verteidigung des Kosovo gegründet worden, das 1919 einen Guerillakrieg (sog. Kaçaken) gegen die serbische Behörden begann, den diese nach schweren Kämpfen erst 1927 beendeten. Die kosovarischen Flüchtlinge mengten sich in die albanische Innenpolitik ein und stießen dort auch auf Ängste vor einer gegischen Vorherrschaft: «*Die Tosken wollen Kosovo nicht*», klagte ein nationalbewusster südalbanischer Politiker. Die Exilkosovaren nahmen auch gegen Zogu als Günstling Jugoslawiens Stellung, der darauf systematisch die kosovarischen Führer beseitigte. Bajram Curri, über die verschneiten Berge gehetzt, erschoss sich im Januar 1925. Hasan Prishtina, der zeitweise mit Italien kooperierte, wurde 1933 in einem Kaffeehaus in Saloniki ermordet. Serbische Repression und Zogus Feindschaft schalteten die kosovarische Irredenta aus. In den Dreißigerjahren durften ihre Aktivisten in Albanien (1931 «Komitee Kosovo und Çamëria») nur nach den jeweiligen Interessen des faschistischen Italien handeln und blieben so wirkungslos.

Das militärisch ohnmächtige Albanien hätte aber der Ethnopolitik Jugoslawiens ohnehin keinen Einhalt gebieten können. Die albanischen Großgrundbesitzer und Notabeln hatten sich dort mit vorwiegend türkischen Standesgenossen 1919 zu einer eigenen Partei («Islamische Vereinigung zur Verteidigung der Gerechtigkeit», tr. Cemiyet, alb. Xhemijet), geführt von Nexhip Draga, zusammengeschlossen, die anfangs keine nationale Sammelpartei, sondern ein überethnischer Zusammenschluss muslimischer Notabeln war, die sich bis 1924 mit Belgrad arrangierten (Beibehaltung des Şeriatsrechts im Zivilrecht, Besitzgarantie für islamische Stiftungen und Bejs). Serbische Politiker wollten den serbischen Bevölkerungsanteil im Kosovo (1919: 24%) erhöhen und siedelten rund 60 000 serbische Kolonisten im Kosovo auf enteignetem Land an; der serbische Bevölkerungsanteil wurde bis 1938 auf 38% gesteigert. Zwischen 90 000 und 150 000 Albaner wurden zur Auswanderung gedrängt; und 1938 schloss die jugoslawische Regierung mit der Türkei einen Vertrag über die Aussiedlung von rund 40 000 «türkischen» Familien – d. h. der Mehrheit der albanischen Bevölkerung östlich der Berge –, dessen Umsetzung nur wegen des Ausbruchs des Zweiten Weltkriegs unterblieb. Um eine Nationalbewegung zu verhindern, behandelte die jugoslawische Regierung die Albaner als Muslime, förderte traditionelle Religionsschulen und verbot zugleich albanisch-nationale Einrichtungen. Niedriger Bildungsstand, nationale Repression und Ausgrenzung, (land-)wirtschaftliches Verharren auf tiefem Niveau kennzeichneten die bäuerliche albanische Bevölkerung. Trotz der Religionspolitik Jugoslawiens verschärfte sich im Kosovo ein ethnonationaler Konflikt zwischen Serben und Albanern.

Begonnen hatte dieser nach 1878: Albanische Muslime hatten gegenüber serbischen Orthodoxen lange ein faktisches Gewaltmonopol besessen und dieses unter den (oft geschlossenen) Augen des schwachen osmanischen Staates und seiner muslimischen Beamten ausgenützt. Bis 1912 war von albanisch-muslimischer Seite deutlich mehr an Alltagsgewalt gegen serbische Orthodoxe ausgegangen als umgekehrt; lange folgte diese Gewalt religiösen, nicht sprachlichen Grenzen, d. h., dass auch albanische Katholiken darunter zu leiden hatten, wenn auch weniger als Serben. Die serbische Eroberung der Gebiete östlich der Berge (1912), albanische Aufstände (1913), die serbische Niederlage (1915), die Rückkehr der Serben (1918) und der anschließende verheerende Guerillakrieg (1919–1927), stets begleitet von Flucht, Deportationen und Zerstörung von Siedlungen, hatten dann eine Spirale von Gewalt und Gegengewalt in Gang gebracht. Die Gewalt erfasste weite Teile der Gesellschaft, die nun entlang ethnischer Linien getrennt war. Albaner und Serben kämpften um das Land, und dies im Wortsinn: Hatten 1877 die vertriebenen Muhaxhir die Mehrheitsverhältnisse in zentral- und ostkosovarischen Dörfern zugunsten der Albaner verändert, so zogen nun serbische Siedler albanisches Land (rund 58 000 ha, ein Sechstel des Ackerlands) an sich.

Ethnonationale Politik hatte der albanische Staat aber auch auf seinem eigenen Territorium zu definieren. Das traditionell vielschichtige Verhältnis zu Griechenland war nun auf zwischenstaatliches Niveau gehoben. Während Albanien eine griechische Minderheit anerkannte, verweigerte Griechenland Gegenrecht für die muslimischen Çamen, die ihrerseits eine Aussiedlung in die Türkei durch einen Wechsel von muslimischer zu nationaler Identität verhinderten. Griechenland rief mehrfach den Völkerbund an, um albanische Maßnahmen gegen konfessionelle (griechische) Schulen rückgängig zu machen. Die Gründung einer autokephalen orthodoxen Kirche Albaniens (1922), die erst 1937 vom Ökumenischen Patriarchen anerkannt wurde, vervollständigte den ethnischen Bruch in der orthodoxen Gemeinschaft. Nationale Eigenstaatlichkeit, orthodoxes Eigenkirchentum, die Schaffung einer völkerrechtlich anerkannten griechischen Minderheit und damit verbunden – und sehr bedeutsam – vom Völkerbund gleichsam oktroyierte ethnische Identitätskategorien zwangen alle Orthodoxen und Muslime des Südens zur Annahme und Wahl einer ethnonationalen Identität.

Nicht nur Abgrenzung gegenüber den Nachbarn auf dem Balkan, auch die Suche nach dem Selbstverständnis des einzigen mehrheitlich muslimischen Staats in Europa beschäftigte die albanischen Eliten. Wie Atatürk verfolgte Ahmet Zogu die staatliche Kontrolle über die Glaubensgemeinschaften, die er als Machtmittel und ideologischen Damm gegen bolschewistisches Gedankengut ansah. 1928/29 führte er einen *Code civil* ein und schaffte das Şeriatrecht ab. Er hob viele Medresen, religiöse Schulen, auf und gründete eine neue Zentralmedrese in Tirana. Ein Islamischer Rat aus vier Großmuftis und Vertretern der Präfekturen gab der islamischen Gemeinschaft eine neue Struktur. 1937 wurde, ohne Druck, sondern durch Überzeugungsarbeit, die Entschleierung eingeleitet, deren Symbolwirkung auch dem christlichen Ausland galt – an der Spitze der kleinen Frauenbewegung setzten sich, in Uniformen gekleidet, auch Zogus Schwestern in Szene. Zogu propagierte einen «modernen» Islam, versinnbildlicht durch neue Betonmoscheen, die auch Abgrenzung gegenüber den orthodoxen Nachbarn symbolisierten. Konservative Muslime kritisierten die «Verwestlichung»: Der Botschafter in Paris, Ilyas Vrioni, pries Albanien als «Bollwerk des Islam in Europa». Reformmuslime hingegen nahmen Beziehungen zur Ahmediye-Bewegung im indischen Lahore auf. Traditionell kalif- und sultansferne Bektashi folgten ihrer Linie eines «europäischen» Islam konsequent weiter, so der bedeutende Vordenker Mit'hat Frashëri, der eine «Entosmanisierung» der albanischen Gesellschaft anstrebte. Noch weiter gingen einige junge, westlich gebildete Intellektuelle, die den Islam überhaupt als Hindernis einer Modernisierung nach europäischem Vorbild ansahen. Der junge Staat musste auch die Christen einbinden, was zwischen 1918 und 1924 u. a. durch Betrauung von Klerikern mit hohen Ämtern gelang – eine bedeutsame Entwicklung in einer mehrheitlich muslimischen Gesellschaft. Zogus Kontrolle über die Religionsgemeinschaften, das 1929 erlassene Verbot politischer Tätigkeit für Geistliche und besonders die 1933 verordnete Schließung von Privatschulen trafen aber neben orthodox-griechischen Schulen auch das hoch entwickelte, stets national-albanische Schulwesen des katholischen Nordens. Zwar musste Zogu auch hier nachgeben (1936), doch hatte er die Katholiken veranlasst, Italien als Schutzmacht anzurufen. Selbst ein nationaler Vordenker wie der Franziskanerdichter Gjergj Fishta war so erzürnt, dass er eine Aufteilung Albaniens in drei Kantone verlangte, einen katholischen Norden, eine sunnitische Mitte und einen orthodoxen Süden. Der junge Staat und Zogu förderten über das nunmehr nationalisierte Schulwesen den überreligiösen Nationalgedanken. Wieweit dieser in der großen analphabetischen Mehrheit der Bevölkerung verankert wurde, ist schwer überprüfbar.

Als Lebensfrage stellten sich dem jungen Staat aber nicht nur die Außenpolitik und der Aufbau eines Nationalgefühls, sondern die Entwicklung von Wirtschaft und Gesellschaft. «*Die Ausrottung des Feudalismus (ist) eine Grundbedingung für die Zivilisierung Albaniens (...). Die Großgrundbesitzer repräsentieren nichts als Räubertum. Eine solche Klasse hat kein Existenzrecht mehr ... Gebt dem Bauern sein Land zurück, jenes Land, das er mit seinem Schweiß und Blut benetzt, und der Feudalismus hat ausgespielt*», schrieb die Zeitung «Drita» («Das Licht») in Gjirokastra im Jahre 1924. Die erhebliche gesellschaftliche Spannung zwischen einer Masse armer Gutsbauern und einer winzigen Gruppe reicher Bejs wurde verschärft, als Nachrichten von der bolschewistischen Revolution auch Albanien erreichten und Politiker wie Bajram Curri oder den orthodoxen «roten» Bischof Fan Noli beeindruckten. Aus mangelernährten, analphabetischen und politisch apathischen Bauern ließ sich keine moderne Nation formen. Ab 1921 hatten die Bauern

Forderungen erhoben: Landreform mit Umverteilung des Großgrundbesitzes an Kleinbauern, bessere Bildung, Erschließung von Neuland, moderne Technik – Vorbilder in den Nachbarländern wie Jugoslawien und Rumänien standen vor Augen. Die Politik der Regierung Noli (Juni–Dezember 1924) schürte aber in Albanien wie im Ausland die Angst vor der Bolschewisierung, was Zogu an die Macht verhalf. Unter seiner Herrschaft unterblieb eine grundlegende Landreform. Dies bedeutete aber nicht gleichzeitig einen Sieg der muslimischen Bejs, da es ihnen oft an Kapital für eine Modernisierung ihrer Güter fehlte. Familien, die der Zusammenbruch des Osmanischen Reiches auch finanziell getroffen hatte, verkauften ihren Besitz an italienische Investoren wie die «Società anonima per industria agraria» oder die «Ente industrie agrarie Albania», so Hamit und Fuat Toptani, Besitzer von 950 ha Land. Der Staat versuchte den Aufbau von Mustergütern, musste aber zusehen, wie reiche Kaufleute, so in Fier, Kruja und Berat, Staatsland an sich zogen. Allen voran tat dies freilich der König selbst.

Der Kapital- und Technologiemangel Albaniens sollte durch ein Konsortium behoben werden, das 1925 Finanzminister Myfit Libohova, Vertreter der Bejs, und italienische Banken schufen, die «Società per lo sviluppo economico dell'Albania» (SVEA). Der albanische Beitrag von 19,7 % sollte in bäuerlicher Fronarbeit erbracht werden. Von den ursprünglich 51,7 % der Investitionen, die für Landwirtschaft und Neulanderschließung vorgesehen waren, wurden nur 2,43 % wirklich eingesetzt. Hatten Gesundheit (1,29 %) und Bildung (0,3 %) im Plan keine große Rolle gespielt, so wurde bald deutlich, was die italienischen Investoren wünschten: Es ging ihnen um die Rohstoffe Albaniens, um Erdöl – das schon die britische Anglo-Persian Oil Company ausgebeutet hatte –, um Chrom, Kupfer, Nickel, Eisen, um Viehprodukte, Holz und Wolle. Viel Geld floss in den Bau von Häfen, Brücken und Straßen, die von der Küste in die Berge führten, von Shkodra nach Puka, von Kruja nach Burrel, Aufmarschwege für einen italienischen Angriff auf Jugoslawien.

Albanien durchlief in der Zwischenkriegszeit eine innenpolitisch stürmische bis chaotische Anfangszeit (bis 1924) und wurde unter der Präsidentschaft (1925), seit 1928 dem Königtum Ahmet Zogus stabilisiert. Der ohnehin fragile Parlamentarismus der ersten Jahre wurde zu einem dekorativen Beiwerk. Albanien beschritt wie Jugoslawien (1929), Bulgarien (1934) und Rumänien (1938) den Weg der Königsdiktatur; auch der südliche Nachbar Griechenland wurde seit 1936 diktatorisch regiert. Zogu stützte sich in den ersten Jahren auf mächtige Großgrundbesitzer (Vërlaci, Libohova), manövrierte diese politisch aber aus und baute auf das von ihm abhängige Beamtentum. Politische Gegner schaltete er brutal, oft durch Mord aus. Selbst fürchtete er Attentate, zu Recht, wie eine spektakuläre Schießerei vor dem Wiener Burgtheater belegte (1931). Beeinflusst von autoritären Nachbarstaaten, führte Zogu den Personenkult in Albanien ein: «*Lang noch lebe Ahmet Zogu/der Erretter unseres Vaterlands/und auf ewig mag man denken/an den Enkel Skanderbegs.*» Tatsächlich ließ er sich als Höhepunkt der albanischen Geschichte feiern, ein Mythos, der Albaner aller Religionen zusammenführen sollte. Zogu verband die Mentalität eines osmanisch geprägten Notablen aus Mati mit einer im Ausland aufsehenerregenden Hofhaltung: Er ahmte den Freikörperkult Mussolinis nach und heiratete eine ungarische Gräfin (Geraldine Apponyi, 1938), nachdem eine Verbindung mit dem italienischen Königshaus nicht zustande gekommen war; er frönte wie seine Schwestern einem Uniformkult und errichtete seiner Mutter ein Mausoleum (das die Kommunisten später sprengten). Zeitgenossen beurteilten ihn bald als «gestiefelten Gangster», bald als Mediator des Übergangs von der osmanischen Herrschaft zu einem postosmanischen Nationalstaat.

Bei allen Mängeln stellt es dennoch eine große Leistung dar, dass es der albanischen Elite unter bedrohlichen außenpolitischen Bedingungen gelang, auf der äußerst bescheidenen Hinterlassenschaft des Osmanischen Reiches staatliche Strukturen aufzubauen und zu stabilisieren. Allein das Überleben als Staat war ein Erfolg, noch mehr der Aufbau einer Verwaltung, eines Schulwesens, der Bau von Straßen und weiterer Infrastruktur. Albanien war nicht mehr wie 1912 oder 1918 in seiner schieren Existenz bedroht. Vom Osmanischen Reich hatte es v. a. die soziale Struktur und die Beamtenschaft übernommen. Die mehrheitlich muslimischen Behörden mussten erst lernen, Christen als vollwertige Landsleute zu akzeptieren. Die Bej-Familien bewahrten trotz Einbußen ihre dominierende Stellung in Wirtschaft und Politik. Das Scheitern bzw. Ausbleiben einer Agrarreform beließ die Bevölkerungsmehrheit in großer Armut; Gesundheitswesen und Schulbildung erreichten weiterhin nur einen kleinen (v. a. städtischen) Teil der Bevölkerung. Der Kapitalmangel führte in die halbkoloniale Abhängigkeit von Italien, das nicht am Aufbau einer albanischen Industrie interessiert war. Die albanischen Eliten setzten die Europäisierungsstrategie der Nationalaktivisten von vor 1912 fort. Dass die bestehende albanische Gesellschaft dabei als «halborientalisch» kritisiert wurde, zeigt indirekt die Veränderung auf: Nach 500 Jahren osmanischer Herrschaft begann eine langsame Orientierung nach Europa.

Die kurze Vereinigung: die Achsenmächte und «Großalbanien» im Zweiten Weltkrieg

Das faschistische Italien sollte seines Gewaltakts in Albanien 1939 nicht froh werden. Zwar wurden sogleich eine faschistische Partei («Partia Fashiste e Shqipërisë», 2.6. 1939), faschistische Massenorganisationen mit Uniformen, Aufmärschen und anderem Propagandabeiwerk geschaffen, auch eine zur Kollaboration bereite Regierung (unter Shefqet bej Vërlaci) fand sich, getragen von Großgrundbesitzern und Teilen des katholischen Klerus, doch lehnten viele Albaner die italienische Herrschaft ab, und erster Widerstand formierte sich. Italien griff unter dem Eindruck nationalsozialistischer Kriegserfolge am 28. Oktober 1940 von albanischem Boden aus Griechenland an. Wider Erwarten wurden Mussolinis Truppen geschlagen. Griechische Truppen drangen nach Südalbanien vor und feierten im Dezember 1940 die Eroberung von «Nordepirus». Den Kriegszustand mit Albanien sollte Griechenland erst 1987 aufheben. Die Siege der deutschen Wehrmacht über Griechenland und Jugoslawien (Frühjahr 1941) veränderten die Lage radikal: Italien hoffte, mit der Schaffung eines «Großalbanien» sein «Impero» nach Südosteuropa auszudehnen und die Albaner für sich zu gewinnen.

Tatsächlich wurde mit dem Anschluss des Großteils des Kosovo (Annexion 12. 8. 1941), Westmakedoniens und in abgestufter Weise der Çamëria (italienische Militärverwaltung) der Traum albanischer Nationalisten weitgehend verwirklicht. Nur der minenreiche Nordkosovo (um Mitrovica) sowie Teile des südöstlichen Kosovo und des westlichen Makedonien sowie einige Albaner im italienisch besetzten Montenegro kamen unter deutsche, italienische bzw. bulgarische Herrschaft. Im Kosovo rächten sich Albaner an den serbischen Kolonisten – weniger aber den serbischen Altsiedlern –, die zum Teil umgebracht (rund 10 000) oder vertrieben (rund 20 000) wurden. Beidseits der Berge zeigte sich aber rasch die Überforderung der italienischen Behörden. Misswirtschaft und Korruption, aber auch militärische Misserfolge und der beginnende albanische Widerstand untergruben ihr Ansehen.

In «Großalbanien» entstand zwischen 1941 und 1944 eine ähnliche Lage wie in Jugoslawien und Griechenland: Die Besatzungsmächte und eine mit ihnen zusammenarbeitende Regierung sahen sich nichtkommunistischen und kommunistischen Gruppen gegenüber, die nach der Schlacht bei Stalingrad und dem Zusammenbruch Italiens (8. 9. 1943) zunehmend um die Macht nach dem absehbaren Ende der Achsenmächte fochten. Der Widerstand in Albanien wurde nur zu einem geringen Teil von Anhängern des nach London geflohenen Königs Zogu getragen («Legaliteti» des Abaz Kupi, ab Herbst 1943 aktiv). Als stärkste Kraft trat vielmehr ab Frühjahr 1942 die «Nationale Front» («Balli Kombëtar» unter Führung Mit'hat Frashëris) in Erscheinung, die ein sozial reformiertes «Großalbanien» (sog. ethnisches Albanien) vertrat und als einzige Bewegung in allen Teilen des Landes aktiv war. Die Kommunisten («Nationale Befreiungsbewegung») hingegen waren ganz von der jugoslawischen KP unter Josip Broz Tito abhängig, der sie ihre Organisation eigentlich erst verdankten. Regional waren sie vornehmlich in Südalbanien vertreten, wobei sich auch Aromunen und Makedonier anschlossen. Nach einem anfänglichen Zusammengehen entzweiten sich «Ballisten», andere Nichtkommunisten und die Kommunisten an der Kosovofrage: Auf starken Druck Titos verließen die Kommunisten eine nationale Einheitsfront, die

Kosovo bei Albanien behalten wollte (Abkommen von Mukje, 2.8.1943). In der Konferenz von Bujan (Jahreswende 1943/44) sicherten die jugoslawischen Kommunisten ihren albanischen Vasallen zwar eine Lösung auf der Grundlage des Selbstbestimmungsrechts zu, doch wurde dies nie umgesetzt. Im September 1943 übernahm das nationalsozialistische «Dritte Reich», das an anderen Fronten gebunden war, mit schwachen Kräften die Kontrolle über Albanien und überließ einheimischen Gruppen, so der großalbanischen «Zweiten Liga von Prizren» unter Führung Rexhep Mitrovicas und des kosovarischen Paramilitärs Xhafer Deva, die Bekämpfung der wachsenden Partisanengruppen. Wie in den Nachbarländern näherten sich die Antikommunisten den Besatzern an, um Rückhalt gegen die von Stalin, aber auch Großbritannien unterstützten Kommunisten zu erhalten. Während in Albanien ein inneralbanischer Krieg zwischen sozialreformerischen Nationalisten und jugoslawienorientierten Kommunisten entbrannte, verlief östlich der Berge der Kampf weitgehend entlang ethnischer Linien: Die Tito-Partisanen, als slawische Macht angesehen, fanden nur wenige albanische Anhänger. In der Çamëria schließlich bekämpften muslimische Albaner griechische Partisanen; für ihre schweren Übergriffe (Geiselerschießungen) rächten sich griechische Nationalisten unter Napoleon Zérvas, die Ende Juni 1944 Dutzende Çamen töteten und Tausende vertrieben. Als die Wehrmacht Ende November 1944 Albanien räumte, flammte der inneralbanische Krieg auf. Die mehrheitlich toskischen Kommunisten warfen zusammen mit Titos Truppen den überwiegend gegischen Widerstand zwischen Shkodra und dem Kosovo nieder. Kosovo wurde erneut mit Waffengewalt Jugoslawien angeschlossen.

Zwei Wege in den Kommunismus

Zwischen 1945 und 1990 lebten fast alle Albaner auf dem Balkan unter kommunistischer Herrschaft. Niemals zuvor waren den albanischen Gesellschaften so tief greifende Veränderungen zugemutet worden wie unter der Diktatur Enver Hoxhas westlich der Berge. Nie zuvor hatten sich die Albaner beidseits der Berge so weit auseinanderentwickelt. Nie waren sie wie jetzt zeitweise (1948–1968; 1981–1990) völlig voneinander getrennt worden. Nie zuvor aber auch hatten Staaten die Beziehungen über die Berge hinweg so stark betrieben (1945–1948; 1968/70–1981).

In Nachahmung ihrer jugoslawischen Mentoren begannen die albanischen Kommunisten sogleich als «Diktatur des Proletariats» (das es in Albanien gar nicht gab) mit der Ermordung ihrer politischen Gegner, darunter großer Teile der gegischen (katholischen) Elite. Am 11. 1. 1946 wurde die «Volksrepublik Albanien» ausgerufen. Tito verlangte von seinen albanischen Vasallen einen hohen Preis: Zwischen 1945 und 1948 bildete das kommunistische Albanien einen Teil des von Tito geplanten jugoslawischen Machtbereichs in Südosteuropa, der auch Bulgarien umfassen sollte. Josef Stalin, der Tito zunächst geraten hatte, «Albanien zu schlucken», fürchtete ein kommunistisches Balkanreich außerhalb seiner Kontrolle und griff ein (sog. Kominformkonflikt, Juni 1948). Wie in anderen kommunistischen Parteien des Balkans standen sich auch in Albanien verschiedene Gruppen gegenüber, die im sowjetisch-jugoslawischen Konflikt zerrieben wurden: 1947 beging der sowjettreue Nako Spiru Selbstmord, und Ende 1948 beseitigte Enver Hoxha seinen jugoslawientreuen makedonischstämmigen Hauptkonkurrenten, den brutalen Innenminister Koçi Xoxe. Hoxha, der sich bedingungslos Stalin unterordnete, stieg wie sein Lehrmeister auf den Leichen politischer Gegner und innerparteilicher Konkurrenten auf.

Opfer dieser Politik wurden nicht nur Titos Gefolgsleute in Albanien, sondern v. a. die Jugoslawien-Albaner allgemein: Sie galten in Belgrad von einem Tag auf den anderen nicht mehr als «Brudervolk» und Brücke nach Albanien, sondern als «fünfte Kolonne» Stalins. Von der Lösung der Kosovofrage innerhalb eines groß-jugoslawischen Machtverbandes war nicht mehr die Rede. Während Hoxha plötzlich die nationale Frage wieder-«entdeckte», bis zu seinem Tod aber nie über polemische Rhetorik hinausging, betrieb bis 1966 Jugoslawien eine harte Unterdrückungspolitik, die, getragen von Innenminister Aleksandar Ranković, serbische Strategien der Zwischenkriegszeit wiederaufleben ließ: Schulen und Medien wurden scharf vom Geheimdienst überwacht und die als «Türken» deklarierten muslimischen Albaner zur Auswanderung gedrängt. Die harte Verfolgung nationaler Aktivisten verstärkte den albanischen Nationalismus besonders im Kosovo, und wie in der Zwischenkriegszeit verlieh serbische Repression der Nationalisierung der lange vorrangig religiösen Identität östlich der Berge einen Schub.

Vergleicht man die Geschichte der Albaner in beiden Ländern in Bezug auf Gewalt- und Herrschaftsintensität, kann man ein Modell sich überschneidender Kurven entwerfen: In der VR Albanien verstärkte sich bis zu Hoxhas Tod (1985) der totalitäre Machtanspruch von Diktator und Partei. Während in anderen kommunistischen Ländern in den Siebzigerjahren die Regierenden keinen offenen Terror mehr anwandten, intensivierte Hoxha die Geheimdienstherrschaft, füllte Straflager, verhängte Sippenhaft, isolierte sein Volk von der Außenwelt und errichtete eine Welt, die Orwells «1984» entsprach: Körper und Seelen der Menschen wollte die «Partei der Arbeit Albaniens» kontrollieren. Wesentliche Etappen auf dieser Kurve markieren der Bruch mit Jugoslawien und die Anlehnung an Stalin (1948), der Bruch mit der sich vorsichtig entstalinisierenden Sowjetunion unter Nikita S. Chruschtschow (1961) und die Orientierung nach dem maoistischen China, der Bruch nach der vorsichtigen chinesischen Abkehr von Mao (1978) und die völlige Abschließung des Landes (1978–1990).

Wellenförmig verlief das Schicksal der Jugoslawien-Albaner. Nach der serbisch-nationalen Repression (1948–1966) gewährte Tito den Albanern als Reaktion auf schwere Unruhen (1968) besonders im Kosovo kulturelle Freiheiten und den Status einer Autonomen Provinz (1974 – unter diesem Begriff seit 1963 bestehend), in der Albaner eine führende Stellung erlangten und einen wirtschaftlichen Aufschwung erlebten. 1981 kam es nach Titos Tod zu einer nationalistischen Revolte von Kosovo-Albanern. Wirtschaftskrise und ethnische Spannungen machten dem kurzen Aufschwung ein Ende. 1989 hob Slobodan Milošević die Autonomie des Kosovo auf. Während ab 1990 der Kommunismus in Albanien stürzte und Hunderttausende Albaner aus den Dörfern in die Städte, aus den Städten ins Ausland flohen und damit alle Siedlungszwänge der

Kommunisten sprengten, lebten die Kosovo-Albaner erneut unter schwerer serbischer Behördenrepression.

Was war den Albanern beidseits der Berge gemeinsam, was unterschied sie?

Alle Albaner lebten in kommunistischen Einparteiendiktaturen. In Albanien verstand sich die Partei als Avantgarde, der nur eine ausgewählte Elite angehörte (1948: 29 137, 1971: 68 858 Mitglieder), während die «Demokratische Front Albaniens» als politisch bedeutungslose Massenorganisation fungierte. Dass ethnische Minderheiten (Aromunen, Makedonier) in der Führungsgruppe stark vertreten waren, wagten Nationalisten erst nach 1992 zu behaupten. Anders in Jugoslawien: In Titos Staat kam Ethnizität eine herausragende Bedeutung zu, und der geringe Anteil der Albaner unter den Parteimitgliedern in Kosovo (1953 gerade 46,8%) bildete ein Politikum. Bis 1966 fanden sich v. a. albanische Partisanenveteranen wie der dominierende Politiker Kosovos, Fadil Hoxha (1916–2001), zur Mitarbeit bereit. Die Partei wollte nicht als Kaderelite, sondern als Massenbewegung die Albaner einbinden (1981: 105 000 Mitglieder auf 1,6 Mio. Einwohner), doch blieb im gesamtjugoslawischen Vergleich deren Mobilisierung gering. Erst nach 1968 entstand eine kosovo-albanische Elite, die nationale Identität und Sozialismus mit staatsloyaler Haltung verband.

Jugoslawien war in seinen Anfängen ein totalitärer Gewaltstaat, der «Klassenfeinde», ethnische Minderheiten und Kirchen brutal verfolgte und damit Stalins Ideologie nachahmte. Nach 1948 musste es nach der Logik der Kommunisten seinen machtpolitischen Bruch mit Stalin auch ideologisch durch einen eigenen Weg in den Sozialismus rechtfertigen. Die Kollektivierung der Landwirtschaft wurde abgebrochen, Arbeiterselbstverwaltung in den Betrieben eingeführt, der rabiate Kirchenkampf eingestellt. Mit anderen Worten: Die alten Bejs waren zwar endgültig entmachtet, doch behielten die albanischen Kleinbauern ihr Land, auf dem sie Subsistenzwirtschaft betrieben. 1969 waren 57% der Höfe im Kosovo Zwergbetriebe mit weniger als 3 ha Land. Nur 2,4% der Betriebe

– in Staatseigentum – bewirtschafteten mehr als 10 ha. Dies ermöglichte den Albanern, auf tiefem wirtschaftlichem Niveau der Behördenrepression passiven Widerstand zu leisten und sich dem Staat zu entziehen. In einem «Südslawien» genannten Staat bildeten die Albaner als nichtslawische Gruppe – wie die Ungarn in der Vojvodina – gemäß der jugoslawischen Begrifflichkeit keine «Nation» (narod) mit eigener Republik, sondern nur eine «Nationalität» (narodnost) – selbst nach der Verbesserung ihrer Lage (nach 1966) wurde ihnen im Kosovo aus Furcht vor Separatismus nie der Status einer Teilrepublik verliehen. Die «Kosovorepublik» blieb daher bis 1989 die wichtigste politische Forderung der Albaner. Die VR Albanien als ethnisch weitgehend homogener Nationalstaat gestand der griechischen Minderheit eine streng überwachte Kulturautonomie zu, kannte ansonsten aber keine vergleichbaren interethnischen Konflikte. Für den inneralbanischen Vergleich wichtig ist schließlich, dass östlich der Berge die Tore zur Auswanderung weiter offen standen: zum einen innerhalb Jugoslawiens, wo Albaner auch politisch mit Kroaten und Slowenen zusammenarbeiteten, die in den Achtzigerjahren den wachsenden serbischen Zentralismus ablehnten; zum anderen nicht mehr nur in die Türkei, sondern auch in die mitteleuropäischen Zielländer aller jugoslawischen Gastarbeiter. Eine neue zahlenstarke Diaspora entstand, die Geld, materielle Kultur und Wissen aus Westeuropa vermittelte.

Ganz anders in der VR Albanien, wo die Kommunisten das Land hermetisch abriegelten und bald auch die Binnenmigration beschränkten. Damit verhinderten sie eine Landflucht wie etwa in Bulgarien. Verbesserte Infrastruktur sollte die Bauern auf den Dörfern halten und neue Verwaltungsorte eine bessere Durchdringung des Hochlands sichern (Bajram Curri, Puka, Rrëshen, Gramsh, Çorovoda, Erseka). 1948 markierte den Beginn einer Stalinisierung, die Hoxha niemals aufgegeben hat. Nach der Enteignung von weltlichem und religiösem Großgrundbesitz (1945) rief er 1949 die «Verschärfung des Klassenkampfs» gegen die «Kulaken» aus. In Wortwahl und Methoden eiferte er seinem Vorbild nach, auch seine Ergebnisse glichen jenen in Stalins Reich und dessen balkanischen Nachahmern Bulgarien und Rumänien: Vom albanischen Geheimdienstableger, der «Sigurimi», brutal durchgesetzt, rief der Krieg der Kommunisten gegen die Bauern eine Hungersnot hervor, musste daher 1951 unterbrochen werden und wurde erst um 1960 zum Abschluss gebracht. Während die meisten kommunistischen Länder danach den Druck auf die Bauern verringerten, erhöhten ihn Rumänien und Albanien: 1967 verkleinerte die Partei das sog. Hofland, das Bauern selbst bewirtschaften durften, von 0,3 auf 0,1 ha (0,15 ha im Bergland). 1980/81 mussten die Bauern in den Ebenen die zugelassene eine Kuh sowie Schafe und Ziegen abgeben und behielten nur Federvieh, Kaninchen und höchstens zehn Bienenstöcke. Verboten wurden auch Bauernmärkte. Die enteigneten Bauern arbeiteten als Angestellte entweder auf «landwirtschaftlichen Unternehmen» (Sowchosenmodell), in «landwirtschaftlichen Genossenschaften» (Lohn nach Tagwerk und Erfüllung der Arbeitsnorm) oder auf sog. Kooperatistenhöfen (Kolchosenmodell). 1971 wurden die «Genossenschaften des höheren Typs» geschaffen als Zwischenstufe zwischen Kolchosen und Sowchosen. Hier setzte sich der Lohn zu 80% aus Tagwerk, zu 20% aus Planerfüllung zusammen, der Staat beteiligte sich an Investitionen und stellte Maschinen zur Verfügung. 1989 bestanden 29,8% Sowchosen, 60,1% Genossenschaften und nur noch 10,1% Kooperatistenhöfe – die Kollektivierung der Landwirtschaft war vollständig, nur abgelegene Bergregionen behielten kleine Vorrechte (Haltung einer Kuh pro Hof). Waren die Jugoslawien-Albaner dem «Klassenkampf auf dem Dorf» entronnen, wurden die albanischen Bauern stärker enteignet als selbst ihre sowjetischen Pendants. Beidseits der Berge hielten besonders in staatlichen Landwirtschaftsbetrieben Mechanisierung und moderne Technologie (Düngemittel) Einzug, in Privathöfen jedoch kaum. In beiden Ländern wurde durch verbesserte Bewässerung (Kosovo) sowie Trockenlegung von Sümpfen (Albanien) Ackerland erschlossen. Im Zuge der Autarkiekampagne «Sicherung des Brotes im Land» forcierte Hoxha Ackerbau zulasten der Viehzucht und ließ, besonders durch Arbeitseinsätze der Jugend, das Hügelland terrassieren: Die Getreideanbaufläche wurde von 224 000 ha (1950) auf 311 000 ha (1980) gesteigert, die Produktion von 201 000 t (1950) auf 928 000 t (1989). Demgegenüber sank der

Schafbestand, traditionelles Rückgrat der Hochlandwirtschaft. Langfristig erwiesen sich die Folgen als bedenklich: Die Berggebiete verarmten, da die Partei die Viehzucht vernachlässigte. Das Neuland wurde durch Erosion zerstört, die in Albanien 32-fach über dem europäischen Durchschnitt lag (1981–1991 rund 40 % des Neulands); die Aufforstung durch Übernutzung der Wälder zunichtegemacht. Fehlinvestitionen, Kapitalmangel, Verschwendung von Mitteln, Mangel an Maschinen und Ersatzteilen, Zwangswohnsitz auf den Dörfern und versteckte Arbeitslosigkeit traten hinzu: 1989 arbeiteten rund 155 000 Bauern nebenbei in Bauwesen und Bergbau.

Nach stalinscher Lehre sollte die Gesellschaft nicht auf dem Dorf, sondern durch die Industrialisierung revolutioniert werden. Enver Hoxha folgte diesem Weg und brach mit Chruschtschow, weil dieser Albanien im sowjetisch kontrollierten Osteuropa eine Zukunft als Agrarland zuwies. Industrie bedeutete nach Stalin Schwerindustrie, nicht Erzeugung von Konsumgütern. Stahl und Elektrizität standen so im Mittelpunkt des industriellen Aufbaus, den bis 1961 maßgeblich die Sowjetunion, bis 1978 China mit Geld, Technologie und Personal trugen. Vornehmlich durch Wasserkraftwerke (an Mati und Drin) erlangte Albanien in den Achtzigerjahren Autarkie bei Elektroenergie. Die leninsche Forderung nach Elektrifizierung des Landes als Bedingung für den Sieg des Kommunismus wurde 1970 umgesetzt, ja Albanien wurde zum Stromexporteur (1989: 631 GWh). Die Schwerindustrie beutete die reichen Rohstoffe des Landes aus. Kupfervorkommen wurden durch neue Anreicherungsanlagen und Raffinerien in Rubik (1967), Rehova (1980), Fushë-Arrëz (1982) verarbeitet, Eisen-Nickel in den Bezirken Pogradec, Librazhd und Kukës gefördert, Chrom v. a. in Bulqizë abgebaut und in Burrel, Laç, Klos und Elbasan veredelt. Was Magnitogorsk in der Sowjetunion, Dimitrovgrad in Bulgarien, Eisenhüttenstadt in der DDR war, sollte Elbasan in der VR Albanien werden: eine Kombinatsstadt, wo der «Stahl der Partei», Symbol und Triumph des neuen Albanien, hergestellt wurde: «*das neue Elbasan auf dem großen sozialistischen Marsch*». Der Aufbau – «*die zweite Befreiung Albaniens*» – zog sich seit

1966 über viele Jahre hin. Die rasch wachsende Stadt (1938: 12 700 Einwohner, 1990: 83 000), deren Werke ein Dreizehntel der Tagesenergieproduktion Albaniens beanspruchten, produzierte Stahl, Nickel und Zement. Elbasan wurde zum Spiegel der kommunistischen Industriepolitik: der Abhängigkeit von fremder Hilfe, des Größenwahns, des Fehlens von Technologie und Ersatzteilen während der Selbstisolation, schließlich schwerer Umweltverschmutzung. Die Rüstungsindustrie, der Bunkerbau, die umfassende Militarisierung ließen weite Teile der Bevölkerung in tiefe Armut absinken.

Wurden die Makedoalbaner von Titos Industriepolitik kaum erfasst, so galt die industrielle Entwicklung Kosovos als strategisches Projekt der jugoslawischen Kommunisten. Die Industrialisierung besaß auch einen ethnischen Charakter, da bis in die Sechzigerjahre Serben bei der Vergabe gut bezahlter Stellen bevorzugt wurden. Wie in der VR Albanien standen Energie und Rohstoffe im Zentrum. Das seit 1927 von Briten betriebene Eisenerzwerk Trepça wuchs zu einem riesigen Kombinat (Bergbau und Verarbeitung von Zink und Blei, Betriebe für Farben, Batterien und Sportmunition in anderen Städten). 1981 wurde der Großbetrieb «Feronikl» bei Gllogofc/Glogovac fertiggestellt. Als Prestigeobjekt Elbasan vergleichbar waren die Kraftwerke Kosovo A und B, zwischen 1962 und 1975 nahe Prishtina errichtet. Die Energiewirtschaft war ebenso kapitalintensiv wie arbeitskräfteschwach. Kosovarische Politiker beklagten die tiefen Energiepreise als koloniale Ausbeutung sowie das Fehlen einer größeren arbeitskräfteintensiven Industrie, in der die rasant wachsende Bevölkerung hätte ein Auskommen finden können. Fehlplanung, geringe Arbeitsproduktivität und -disziplin sowie hohe Schulden der Betriebe führten zu Beginn der Achtzigerjahre in die Krise. Trotz intensiver Industriepolitik besonders in den Siebzigerjahren, die v. a. in den Städten auch einen bescheidenen Wohlstand schuf, hielt Kosovo mit den entwickelten Landesteilen (Slowenien, Kroatien) nicht Schritt, vielmehr vergrößerte sich der Abstand. In den Achtzigerjahren sanken die Investitionen; die Führung in Belgrad gab das von ethnischen Unruhen erschütterte Armenhaus wirtschaftspolitisch auf.

Beidseits der Berge war die Industriepolitik der Kommunisten um 1990 gescheitert. In Albanien brachen die Fabriken nach dem Ende des Kommunismus zusammen, im Kosovo verfielen sie auch wegen der starken ethnischen Spannungen (1989–1999). Heute wird nur in geringem Umfang industrielle Produktion betrieben. Wie vor 1945 stammen Waren und Technologie weitgehend aus dem Ausland. Albanien wie Kosovo sind in vielem Entwicklungsländer, in denen Ruinen an die gerade in Albanien mit großen Opfern und Entbehrungen der Bevölkerung erzwungene Industrialisierung erinnern.

Die Kommunisten wollten nicht nur die Wirtschaft, sondern v. a. die Gesellschaft verändern, einen «sozialistischen Menschen» schaffen, wofür Bildung Voraussetzung war. In ihrer großen Mehrheit lernten die Albaner erst nach 1945 lesen und schreiben. Eine Bildungsrevolution senkte im Kosovo die Zahl der Analphabeten von 62,5% (1948) auf 31,5% (1971) und 11,9% (1991). Nach 1945 entstand erstmals auch ein albanisches Wissenschaftssystem, das zunächst ganz nach sowjetischem Muster aufgebaut wurde: Universität Tirana (1957), Pädagogische Hochschule in Shkodra (1957), 1972 schließlich die Gründung einer Akademie der Wissenschaften, wie in anderen kommunistischen Staaten Sitz der Gralshüter der Nation.

Im Kosovo erfolgte die Entwicklung schleppender, da Jugoslawien in Hochschulen auch Zentren albanischer Nationalbildung erblickte: Die 1960/61 in Prishtina eingerichteten Fakultäten waren serbisch dominiert. Die Erhebung zu einer Volluniversität (1971) erfüllte ein wichtiges Anliegen der albanischen Bevölkerung. Die Einrichtung einer Akademie der Wissenschaften und Künste (1975) stellte Kosovo akademisch mit den jugoslawischen Teilrepubliken gleich. Die rasant wachsende Universität (1981: rund 30000 Studenten) entwickelte sich zu einem nationalalbanischen Symbol, Prishtina wurde zum Zentralort für alle Albaner Jugoslawiens, auch aus Makedonien, Serbien und Montenegro. Entwicklungshilfe leisteten Wissenschaftler aus der VR Albanien, just zu dem Zeitpunkt, als dort der Nationalismus einen Höhepunkt erreichte: Weniger wissenschaftliche Methode, sondern Nationalideologie kam aus dem «Mutterland». Die Studenten wurden weniger zu Trägern gesellschaftlicher und wirtschaftlicher Modernisierung, sondern als akademisches Proletariat zu Auslösern der nationalalbanischen Revolte im Kosovo (1981). Jugoslawisch geprägt waren sie aber dennoch, da sich albanische Identität wesentlich aus jugoslawischer Ethnopolitik und deren Schwanken zwischen Repression und Emanzipation ergab.

Anders in Albanien, wo der Zugang zu den Hochschulen streng geregelt war. Während östlich der Berge nur wenige Wissenschaftler internationales Niveau erreichten, konnten die vor 1945 im Westen ausgebildete Gründergeneration und die in Moskau geformte zweite Generation dem Land Impulse verleihen, die in der Selbstisolierung und Wirtschaftskrise seit den späten Siebzigerjahren jedoch deutlich an Stärke verloren. Technik und Naturwissenschaften wurden gefeiert als Erschaffer einer neuen Welt, die Geisteswissenschaften als kulturelle Orientierung der Nation. Der Diktator griff in den nationalpolitisch bedeutsamen Fächern wie Geschichte und Archäologie persönlich in Deutungen ein. Sklavischer als in anderen Diktaturen hielten sich die Wissenschaftler, geführt von dem stalinistischen Akademiepräsidenten Aleks Buda (1911–1993), an die ideologischen Vorgaben. Entschädigt wurden sie mit sozialem Aufstieg und hohem Ansehen, ebenso die Staatskünstler und Schriftsteller, die wie der Schriftsteller Ismail Kadare, Mitglied der «Volksversammlung» und Vizepräsident der von Nexhmije Hoxha geleiteten «Demokratischen Front», die ideologischen Wendungen legitimierten.

Ähnlich war beidseits der Berge die demographische Entwicklung: Die Verbesserung der medizinischen Versorgung durch den Bau von Krankenhäusern, die Bekämpfung von Seuchen und chronischen Krankheiten sowie Impfungen riefen eine Bevölkerungsexplosion hervor, geprägt durch sinkende Säuglingssterblichkeit bei traditionell hoher Geburtenrate (sog. demographischer Übergang). Die Bevölkerung Albaniens verdreifachte sich von 1,16 Mio. (1948) auf 3,25 Mio. (1990), die Albaner im Kosovo von rund 0,5 Mio. (1948) auf 1,59 Mio. (1991). Die Albaner in Makedonien wuchsen von 0,27 Mio. (1948) auf 0,44 Mio. (1991). Die albanische Bevölkerung auf dem südwestlichen Balkan stieg von rund 1,8 Mio. auf rund 5,5 Mio. an. Was in Albanien eine soziale und wirtschaftliche Herausforderung darstellte, erhielt im Kosovo eine ethnische Dimension, indem sich der albanische Bevölkerungsanteil von 68,5 % auf 81,6% erhöhte. Die Kosovo-Serben wiesen wegen stärkerer Urbanisierung eine niedrigere Geburtenrate auf, ihr Wanderungssaldo war negativ. Die Serbische Akademie der Wissenschaften griff eine emotionale Debatte auf und sprach 1986 von einem «biologischen Genozid». Tatsächlich hielt die wirtschaftliche Modernisierung mit dem Bevölkerungswachstum nicht Schritt. Auch die Auswanderung reichte als Ventil nicht aus: Arbeitslosigkeit und soziale Misere bildeten wesentlich den Nährboden des Kosovokonflikts seit den Achtzigerjahren.

In Ideologie und Propaganda gingen die Wege beidseits der Berge besonders stark auseinander: Enver Hoxha sah sich nicht nur als nationalen Führer, sondern auch als bedeutenden marxistischen Theoretiker, der eine herausgehobene Stellung in der kommunistischen Welt beanspruchte. Deutlich wurde dies in seinem Bruch mit Chruschtschow: Hoxha stellte sich als Verteidiger von Stalins Ideologie, als Bewahrer der reinen Lehre dar und begründete so auch seinen Zusammenschluss mit dem maoistischen China, dem Konkurrenten der Sowjetunion um die Führung des Weltkommunismus. Das kleine Albanien wurde zum Sprachrohr des bis 1971 nicht in den Vereinten Nationen vertretenen kommunistischen China, was es sich durch umfangreiche Entwicklungshilfe entgelten ließ. Von China übernahm Hoxha die «Kulturrevolution» und wesentliche Elemente der Ideologie vom «Neuen Menschen». 1967 verkündete er die *«weitere Revolutionierung von Partei und Staatsmacht»*, einen bisher ungekannten totalitären Zugriff auf eine Gesellschaft, deren Traditionen von Selbstverwaltung und Gewohnheitsrecht radikal beseitigt werden sollten. Beruf, Wohnen und Freizeit wurden dem Staat unterworfen, der auch die Lebenswege seiner Untertanen bestimmte. Büroangestellte und Funktionäre wurden in die Produktion geschickt; selbst der chinesische Frühsport wurde eingeführt. Als «Helden» und «Märtyrer» wurden Opfer von Arbeitsunfällen sowie Soldaten und Grenzwächter gepriesen. 1971 begann – wie in Rumänien – eine Kampagne gegen «liberale» Kunst. Hoxha rührte aber auch an Wurzeln der traditionellen Gesellschaft: In einer umfassenden Kampagne wurde die Gleichstellung von Frau und Mann in einer postosmanischen Gesellschaft propagiert, die Frau als Arbeiterin und Kämpferin gefeiert. Tatsächlich ergab sich für die Frauen die auch aus anderen kommunistischen Ländern bekannte Doppelbelastung in Beruf und Familie. Außer Hoxhas gefürchteter Gattin Nexhmije erlangte keine Frau echten politischen Einfluss in der weiterhin patriarchalischen Parteiführung. Stammesgesellschaft und Kanun wurden hingegen als rückständig gebrandmarkt, die Blutrache mit drakonischen Strafen unterdrückt.

Weltgeschichtlich neuartig war schließlich das Verbot aller Religionen, das auf inszenierte religionsfeindliche Pogrome gefolgt war (1967). Albanien wurde für ein Vierteljahrhundert zum ersten atheistischen Staat der Welt. An die Stelle der Religion trat der Kult um den Nationalhelden Skanderbeg, der bald aber nur mehr Vorläufer des größten Sohnes der Nation war, Enver Hoxha, um den ein Personenkult entfaltet wurde wie einst um Stalin oder zeitgleich um Nicolae Ceauşescu. Den Kern von Hoxhas Ideologie bildeten der Marxismus und v. a. der albanische Nationalismus der «Rilindja». Sein System lässt sich begrifflich am besten mit «totalitärer Nationalstalinismus» umreißen.

Im Sinne der Vereinheitlichung der Nation wurde auch eine hochideologisierte Geschichtsinterpretation entworfen, v. a. aber eine «vereinheitlichte albanische Schriftsprache» geschaffen (endgültig 1972), die auf dem Nordtoskischen beruhte und die alte gegische Schrifttradition an den Rand drängte. Die Jugoslawien-Albaner übernahmen diese Sprachform im Sinne einer grenzübergreifenden nationalen Einheit, während gegische Schriftsteller im Exil (Martin Camaj in München, v. a. aber Arshi Pipa in den USA) diese als «stalinistisches» Projekt vehement ablehnten. Die Sprachfrage war bei den Albanern nicht minder ideologisiert als bei Griechen, Makedoniern und Bulgaren, Serben und Kroaten.

Nach dem Bruch mit China, dem er «Revisionismus» vorwarf, erhob Hoxha Anspruch auf die Führung des wahren und reinen

Marxismus auf der ganzen Welt, fand aber nur bei versprengten linksextremen Splittergruppen, etwa in der BRD, Anklang. Hoxhas Weltbild formulierte das Parteiprogramm von 1978: «*Die Partei der Arbeit Albaniens wurde als revolutionäre marxistisch-leninistische Partei geschaffen und gestählt im harten Kampf gegen die faschistischen Besatzer und die reaktionären einheimischen Ausbeuterklassen, gegen die Imperialisten und ihre Handlanger, gegen die Feinde des Marxismus-Leninismus und der Partei – die Fraktionisten, Trotzkisten, Opportunisten und Revisionisten – innerhalb und außerhalb der Partei.*»

Albanien von Feinden umgeben: Die Ideologie einer Umzingelung (alb. rrethim) durch Gegner rechtfertigte die dauernde Mobilisierung und Militarisierung der Bevölkerung, die Ausschaltung jeder echten oder vermeintlichen Opposition, schließlich die völlige Abriegelung des Landes (nach 1978), dessen Bevölkerung indoktriniert wurde, sie lebe in der besten aller Welten. Sichtbaren Ausdruck fand die Paranoia im militärisch sinnlosen Bau Hunderttausender Bunker. Nach Säuberungen wurde die Geschichte jeweils neu geschrieben: Hoxha entledigte sich nach und nach aller Kampfgefährten aus der Zeit der Machtergreifung, zuletzt des mächtigen Premierministers Mehmet Shehu, der 1981 «Selbstmord» beging, dessen Verwandte in Sippenhaft genommen wurden und den der paranoide Diktator posthum als «Polyagenten» entlarvte. Erschossen wurden auch die Kritiker des Bunkerprogramms. Besonders tragisch aber war das Schicksal der vielen politisch Verfolgten: Wer eine «schlechte Biographie» hatte, kam oft in die Lager von Spaç und Burrel, seine Familie wurde in die in Albanien gängige Sippenhaft genommen, oftmals verbannt, jahrzehntelanger Ächtung ausgesetzt, ihrer Würde und jeglicher Lebens- und Bildungsperspektive beraubt. Gesicherte Zahlen zu den Verfolgten liegen nur in Ansätzen vor: 1950 wurden 9168 Menschen ins Gefängnis geworfen oder verbannt, auf 100 000 Einwohner gab es damals 735 Häftlinge.

Enver Hoxha hatte die albanische Gesellschaft in einen Kerker gesperrt und sie einem orwellschen System ausgesetzt; die xenophobe nationalistische Paranoia kennzeichnet wichtige Teile der albanischen Gesellschaft bis heute. Gemeinsam mit der im sog. «blloku»-Viertel in Tirana lebenden, durch Verwandtschaft und persönliche Beziehungen, aber auch Fehden verbundenen Gefolgschaft, einer Macht- und Privilegiengemeinschaft, errichtete er ein System, das 1985 in Europa nur mit jenem Nicolae Ceauşescus vergleichbar war, aber auch Parallelen mit der kommunistischen Führungsclique um Stalin aufwies. Hoxhas Apologeten verweisen auf den wirtschaftlichen Aufbau und soziale Veränderungen und verdrängen schlicht, dass der Kommunismus auch in Albanien als System Verbrechen gegen die Menschlichkeit verübte.

Den Albanern Jugoslawiens blieben diese Exzesse erspart – Lager wie Spaç gab es im Kosovo nicht –, sie wussten kaum von ihnen und bewunderten oftmals das vermeintlich starke «Mutterland», das ihnen außer der nationalstalinistischen Ideologie und der Standardsprache letztlich wenig gab. Während Albanien in der «Kulturrevolution» versank, erlebten die Jugoslawien-Albaner ein nationales 1968. Und während das isolierte Albanien zunehmend verarmte, durchliefen die Albaner östlich der Berge nationale Emanzipation und wirtschaftlichen Aufschwung, eine Verbesserung auch des materiellen Lebens. Tito als Schutzmacht gegen den wachsenden serbischen Nationalismus genoss durchaus Verehrung. Soziale Veränderungen aber blieben auf die größeren Städte beschränkt; eine umfassende Gleichstellungspolitik wurde nicht umgesetzt. In Teilregionen, besonders in Makedonien, kam der Religion weiterhin eine bedeutende Rolle zu. Gewohnheitsrechtliche Traditionen überdauerten stellenweise im ländlichen Raum.

1990 lebte westlich der Berge eine ultranationalistisch agitierte, durch Totalitarismus und Isolation traumatisierte, sozial stark veränderte Bevölkerung – östlich der Berge eine autoritär regierte, nationalistisch bewegte, sozial überwiegend konservative und mental weiterhin postosmanisch geprägte (im religiösen Bereich ganz besonders in Teilen Makedoniens), materiell etwas bessergestellte Gesellschaft, mit vergleichsweise großen, auch durch die Diaspora bedingten soziokulturellen Freiräumen. Überschattet wurde aber alles durch die Verschärfung des albanisch-serbischen Konflikts.

1990/91 stürzte eine Volkserhebung Hoxhas Nachfolger Ramiz

Alia, und die Albaner brachen buchstäblich in die Freiheit, in die Ebenen, die Städte und dann nach Griechenland und Italien aus. Östlich der Berge verlief die Entwicklung in die entgegengesetzte Richtung: Die serbische Apartheidpolitik zwang die Kosovo-Albaner, eine Parallelgesellschaft neben dem serbischen Staat aufzubauen (1989–1999).

Epilog: Zwei albanische Staaten – transterritoriale albanische Gesellschaften (2011)

1989–1997: friedlicher Widerstand der Kosovo-Albaner unter Führung Ibrahim Rugovas gegen die serbische Behördenrepression; 1997: Staatsimplosion in Albanien nach dem Zusammenbruch betrügerischer Pyramidenspiele; Beginn des bewaffneten Widerstands im Kosovo («Befreiungsarmee des Kosovo» UÇK); 1998/99: serbische Vertreibung von rund 1 Mio. Kosovo-Albanern, Eingreifen der NATO, Abzug von serbischer Armee und Behörden, Einrichtung eines UNO-Protektorats; 2000/01: albanische Guerillaangriffe im südserbischen Preševotal; 2001: albanische Rebellion in Makedonien und Beilegung des Konflikts im Abkommen von Ochrid; 2006 Unabhängigkeit Montenegros nach einem Referendum, das die Stimmen der albanischen Minderheit mitentschieden hatten; 2008: Ausrufung eines unabhängigen Kosovo, das weder von Serbien noch von allen UNO- (und auch EU-)Mitgliedern anerkannt wird.

Telegrammartig sind dies die wichtigsten Ereignisse der jüngsten albanischen Geschichte. Dahinter stehen schwere Erschütterungen, die die westliche Öffentlichkeit zumeist nur als außenpolitisch bestimmte «albanische Frage» wahrnimmt. Im letzten Vierteljahrhundert haben sich die albanischen Gesellschaften stark geöffnet und sind mehr denn je transterritorial verbunden: Auswanderung, Flucht und Vertreibung haben seit den Neunzigerjahren sehr große Diasporagemeinschaften in Griechenland (rund 0,7 Mio.), Mitteleuropa (rund 0,6 Mio. – etwa 10 % aller Kosovo-Albaner leben in der Schweiz) und Italien (ca. 490 000) geschaffen. Die Medienrevolution des Internets hat die räumlich verstreute Sprach- zu einer panalbanisch geprägten Kommunikationsgemeinschaft zusammengefügt. Die Diaspora wirkt stark auf Politik und Wirtschaft im südwestlichen Balkan ein. Durch sie sind Albaner stärker an die

Außenwelt herangerückt. Das mediale Bild albanischer Einwanderer in Westeuropa ist überwiegend negativ, geprägt von hoher Kriminalitätsrate, Gewalt und mangelnder Integration. Das Fehlverhalten einer Minderheit überdeckt in dieser Wahrnehmung die Integrationsbemühungen und -erfolge der Mehrheit.

Auf dem Balkan selbst haben Albaner noch nie so viel politische Macht besessen wie heute: Der serbische Versuch einer «ethnischen Säuberung» des Kosovo schlug in das Gegenteil um, in Flucht und Vertreibung von rund 100 000 Serben. Albanien und Kosovo sind ethnisch fast homogen albanisch, in Makedonien haben Albaner mit Waffengewalt ihre Aufwertung zu einem faktischen zweiten Staatsvolk erzwungen. Doch ist Kosovo in seiner Souveränität durch Missionen der UNO und der EU (EULEX) und die serbische Parallelherrschaft in der Region Mitrovica eingeschränkt. Politisch stark von den USA abhängig, muss es weitgehende Kontrolle über wichtige Wirtschaftszweige und direkte Eingriffe in Hoheitsbereiche wie die Präsidentenwahl (2011) hinnehmen.

In Albanien üben die Botschafter der USA und einiger EU-Staaten zwar ebenfalls erheblichen Einfluss aus, doch sind die Spielräume einheimischer Politiker größer. Schwerwiegender ist, dass der bis 1997 vermeintlich gelungene Übergang zur Demokratie massive Rückschläge erleidet und 2011 das politische System durch zwei beinahe gleich starke Parteien («Demokraten» und «Sozialisten») weitgehend blockiert ist. Diese vertreten nicht konkurrierende politische Ideen, sondern Gruppen von Geschäftsleuten, die um die Kontrolle von Ressourcen ringen, was die ungewöhnliche Härte und Kompromisslosigkeit der albanischen Politik sowie die Schwäche staatlicher Einrichtungen wesentlich erklärt. Delegitimiert wird das System auch durch Wahlmanipulation, Klientelismus, Nepotismus sowie schwerste Korruption bis in höchste Ämter, durch eine schwache Polizei und Justiz, durch die Gefährdung der Gewaltentrennung (Unabhängigkeit der Justiz) und mutmaßliche Nähe von Politikern zur organisierten Kriminalität. Um 2000 wandelte diese, den Staatszusammenbruch nutzend, Albanien zeitweise in eine rechtsfreie Operationsbasis für Menschen- und Drogenhandel um. In Kosovo und Makedonien ist die parteipolitische Polarisierung kaum geringer: Es stehen sich aus der UÇK hervorgegangene Parteien (Ramush Haradinaj, Hashim Thaçi, in Makedonien Ali Ahmeti) und eher städtisch-gebildete Gruppen («Demokratische Liga des Kosovo», LDK, des 2006 verstorbenen ersten Präsidenten Ibrahim Rugova) gegenüber. Auch östlich der Berge ist das politische System von den Defekten des albanischen Parlamentarismus betroffen. Gemeinsam ist vielen albanischen Politikern die Neigung, mit nationaler Rhetorik die drängenden sozialen, wirtschaftlichen und ökologischen Probleme zu übertünchen. Nach dem Ermatten der albanischen zivilgesellschaftlich orientierten Bewegung «Mjaft!» («Genug») bietet im Kosovo die «Vetëvendosja» («Selbstbestimmung»), nun auch als Partei, ein system-, aber auch europakritisches, großalbanisch und nationalistisch ausgerichtetes Gegengewicht.

Albanien wie Kosovo durchleben eine tiefe wirtschaftliche und gesellschaftliche Krisenzeit: Deindustrialisierung, Rückfall der Landwirtschaft auf kaum mechanisierte Subsistenzwirtschaft, fragiles staatliches Gewaltmonopol (regionales Wiederaufleben von Gewohnheitsrecht und Blutrache), Repatriarchalisierung des Geschlechterverhältnisses, massive Umweltverschmutzung und -zerstörung (Abholzung, Verbauung der Küsten), Zersiedlung und unkontrolliertes Wachstum zweier großer Ballungsräume (Tirana-Durrës, Prishtina) bei starker Landflucht, steigender Kriminalität und zahlreichen nie aufgeklärten Mafiaanschlägen. Wie in osmanischer Zeit bietet nur die Familie Rückhalt und Sicherheit, wobei gerade in Albanien die Massenemigration diese Bande schwächte. Dem gegenüber stehen die Verbesserung der Verkehrsinfrastruktur in Albanien, der Aufschwung des Fremdenverkehrs an der Adria (auch durch viele kosovarische Touristen), während das Bildungswesen u. a. durch eine schwer überschaubare Zahl privater Schulen und Universitäten an Vielfalt, nicht aber unbedingt an Qualität gewonnen hat. Bildung ist angesichts der sehr jungen albanischen Bevölkerung aber ein entscheidendes Element für wirtschaftliche Entwicklung und Einbindung in europäische Zusammenhänge.

Im Übergang zu Demokratie und Marktwirtschaft, in der Annäherung an die EU wird auch wieder die alte Debatte um die kulturelle Ausrichtung der Albaner zwischen West und Ost und besonders um die Rolle des Islam neu entfacht und heftig ausgetragen. Nach dem Ende des offiziellen Atheismus entfaltete sich ein starkes Interesse an Religion, aus innerem Bedürfnis oder intellektueller Neugier. Alle Religionen missionieren mit massiver Finanzhilfe aus dem Ausland in Albanien und wetteifern in der Errichtung von Sakralbauten an symbolträchtigen Stellen. Erstmals wurde 2011 in Albanien bei einer Volkszählung nach religiöser Zugehörigkeit gefragt, was starke Ängste bei Verfechtern des klassisch-laizistischen überreligiösen Nationalgedankens auslöste. Gleichzeitig stellen radikale Kleriker diesen Konsens infrage, etwa wenn die als nationale Symbolgestalt geltende Mutter Teresa – die Verehrung einer katholischen Nonne durch ein mehrheitlich islamisch geprägtes Volk konzentriert sich freilich auf deren ethnische Herkunft – in verletzenden Worten von einem prominenten Imam in Prishtina angegriffen wird.

Auch die alte Sprachfrage wird wieder diskutiert, denn die toskisch geprägte Schriftsprache wird von vielen Gegen in Kosovo und Makedonien kaum oder nur fehlerhaft beherrscht. Auf einer Sprachkonferenz in Durrës (Ende 2010) wurden Forderungen nach einer verstärkten Aufnahme gegischer Elemente in die Standardsprache laut, die von Linguisten aus Albanien teils heftig zurückgewiesen wurden. Auch hier wird inneralbanisch das kulturelle Selbstverständnis, die Gewichtung zwischen Gegen und Tosken, neu ausgehandelt.

Die Schwierigkeiten der Transitionszeit in Politik, Wirtschaft, Identität lassen vergessen, dass die albanischen Gesellschaften von Diktatur und Krieg immer noch tief traumatisiert sind und keine Sprache gefunden haben, um die Verletzungen zu benennen. In diesem Schweigen werden Denk- und Gefühlsmuster auch an die jüngere Generation weitergegeben, v. a. aber die Entstehung einer demokratischen und pluralistischen Zivilgesellschaft gehemmt. Wenn nur «Helden der Nation» gefeiert werden, bleiben Opfer im Schatten. Im Kosovo wird der Opfer von Demütigung, physischer und sexueller Gewalt, von Flucht und Vertreibung im Gegensatz zur Verehrung der Guerillakämpfer kaum gedacht. In Albanien wurde die Diktatur nie aufgearbeitet, jede Diskussion im parteipolitischen Konflikt erstickt. Die starke Kontinuität der Eliten, die zudem klein und untereinander eng verbunden sind, hat repressive Denk- und Verhaltensweisen bis auf die Gegenwart konserviert. In Albanien gibt es heute noch die andernorts längst verschwundenen Dissidenten, denen regelmäßig Verrat an der Nation vorgeworfen wird. Die nachwirkende nationale Paranoia der Hoxha-Zeit, der Zwang zur nationalen Einheit im Kosovo der Neunzigerjahre lassen Dissens kaum zu. Unabhängige Medien mit hohem Qualitätsanspruch bestehen kaum.

Die schwachen Demokratien in Albanien und Kosovo werden zunehmend von der Türkei umworben, deren neoosmanische Strategie von westlich orientierten albanischen Beobachtern mit wachsender Sorge verfolgt wird. Auch außenpolitisch stehen die albanischen Gesellschaften wieder zwischen Europa und dem Nahen Osten, zumal korrupte und autoritär herrschende Eliten von Ankara mehr Verständnis erwarten können als von Brüssel. Vorwiegend östlich der Berge sind großalbanische Träume – freilich keine konkreten politischen Projekte – im Schwange, in die sich bisweilen auch aus Nahost finanzierte islamistische Töne, zur Abgrenzung von den orthodoxen Nachbarn, mischen. Die abnehmende Anziehungskraft der EU lenkt den Blick erneut auf den Orient, aus dessen Erbe sich die albanischen Gesellschaften nach 1912 nie völlig gelöst haben.

Der Versteinerung vieler Elite- und Machtstrukturen und den aggressiven Politik- und Identitätsdebatten steht die beeindruckende Lebendigkeit der jungen albanischen Gesellschaften entgegen. Obwohl im Kosovo durch EU-Visumspolitik in ihrer Bewegung eingeschränkt, sind sie näher an Europa herangerückt als viele bejahrtere Eliten. In der Diaspora ist eine gut ausgebildete neue Generation herangewachsen, die ihr Wissen und ihre demokratisch-pluralistische Sozialisierung wegen des hinhaltenden Widerstands regionaler Eliten noch nicht in die albanischen Gesellschaften übertragen konnte. Nicht nur Abkommen mit NATO oder EU, sondern auch der Aufbau einer echten Zivilgesellschaft mit Verantwortung für Gesellschaft und Gemeinwesen, einer funktionierenden

Demokratie, einer unabhängigen und zuverlässigen Justiz werden den albanischen Gesellschaften den Weg nach Europa eröffnen. Jene Menschen, die sich dafür einsetzen, verdienen Europas volle Unterstützung.

Hinweise auf weiterführende Literatur

P. Bartl, Albanien. Regensburg 1995
N. Clayer, Aux origines du nationalisme albanais. La naissance d'une nation majoritairement musulmane en Europe. Paris 2007
K. Clewing/J. Reuter (Hg.), Der Kosovo-Konflikt. München 2000
R. Elsie, Historical Dictionary of Albania. Lanham u. a. 2004
R. Elsie, Historical Dictionary of Kosova. Lanham u. a. 2004
Fjalor enciklopedik shqiptar. Tirana 1985. Neuausgabe: E. Lafe (Hg.), Fjalor enciklopedik shqiptar Bd. 1. Tirana 2008
K. D. Grothusen (Hg.), Südosteuropa – Handbuch. Albanien. Göttingen 1993
Historia e popullit shqiptar. 4 Bde. Tirana 2002–2008
Y. Hysa, Shqiptarët dhe të tjerët. Prishtina 2010
R. Ismajli/M. Kraja (Hg.), Kosova. Prishtina 2011
P. Jordan u. a. (Hg.), Albanien. Geographie – Historische Anthropologie – Geschichte – Kultur – Postkommunistische Transformation. Frankfurt a. M. u. a. 2003
K. Kaser, Hirten, Kämpfer, Stammeshelden. Ursprünge und Gegenwart der balkanischen Patriarchalität. Wien/Köln/Weimar 1992
N. Malcolm, Kosovo. A Short History. New York 1998
J. Pettifer/M. Vickers, The Albanian Question. Reshaping the Balkans. London/New York 2007
O. J. Schmitt, Kosovo. Kurze Geschichte einer zentralbalkanischen Landschaft. Wien 2008
O. J. Schmitt/E. A. Frantz (Hg.), Albanische Geschichte – Stand und Perspektiven der Forschungen. München 2009
S. Schwandner-Sievers/B. J. Fischer (Hg.), Albanian Identities. London 2002
B. Tönnes, Sonderfall Albanien. Enver Hoxhas «eigener Weg» und die historischen Ursprünge seiner Ideologie. München 1980

T. J. Winnifreth, Badlands – Borderlands – A History of Northern Epirus/Southern Albania. London 2002

Wichtige Aufsätze finden sich in folgenden Zeitschriften:
Albanische Hefte; Gjurmime albanologjike. Seria e shkencave historike; Hylli i dritës; Përpjekja; Shejzât/Le Pleiadi; Studia Albanica (in Westsprachen); Studime historike; Südosteuropa; Südosteuropa-Mitteilungen; Südost-Forschungen.
Zu verweisen ist auch auf www.albanien-institut.com und www.albanianhistory.net/.

Zur Aussprache des Albanischen

C	=	z
Ç	=	tsch
Dh	=	stimmhaftes th (wie im englischen «the»)
Ë	=	ähnlich dem e im deutschen «hatte»
Gj	=	stimmhaftes dsch (wie im englischen «legendary»)
Ll	=	gerolltes l
R	=	verbreitert wie das englische r gesprochen
Rr	=	stark gerolltes r
Sh	=	stimmloses sch
Th	=	stimmloses th (wie im englischen «thorn»)
X	=	ds
Xh	=	dsch
Y	=	ü
Zh	=	stimmhaftes sch (wie im französischen «jardin»)

Der südwestliche Balkan
Tuzla
Bosna
Drina
Kragujevac
Morava
Vidin
Donau
Sarajevo
Mostar
Niš
Novi Pazar
2017
2522
Mitrovica
Vushtrri/ Vučitrn
Prishtina/Priština
Drenica
Novobërda/Novo brdo
Sofia
Dubrovnik
Kotor
Montenegro
Vranje
Bujanovac
Cetinje
2694
Peja/Peć
Rrafsh i Dukagjinit/ Metohija
Amselfeld
Preševo
Kaçanik/Kačanik
Skutarisee
Gjakova/ Đakovica
Šar
Kumanovo
2252
Struma
Shkodër
Prizren
Tetovo
Skopje
Ulcinj
Štip
Lezha
Mirdita
2764
Korab
Polog
Gostivar
Drin Golf
Mati
2540
1754
Makedonien
1000
Drin
Kičevo
Kruja
Prilep
200
Kruševo
Durrës
Tirana
Dibra
Vardar
Struga
Ohrid
Shkumbin
Elbasan
Ohridsee
Bitola
Adria
Prespasee
Florina
2418
Tomorr
Thessaloniki
Korça
Vjosa
Berat
Vlora
200
Grevena
Otranto
Tepelena
Golf von Saloniki
ITALIEN
Himara
2918
Olymp
Gjirokastra
Epirus
Camëria
Ioannina
Larissa
Korfu
Korfu
Suli
Thessalien
1000
200
Arta
1726
Ionisches Meer
Preveza
Thermopylen
(alle Ortsnamen werden in der heutigen amtlichen Schreibweise wiedergegeben)
0 20 40 60 km
2512

Aus dem Verlagsprogramm

György Dalos bei C.H.Beck

Ungarn in der Nußschale
Ein Jahrtausend und zwanzig Jahre
Geschichte meines Landes
2., durch ein neues Kapitel erweiterte Auflage. 2012. 240 Seiten. Paperback
Beck'sche Reihe Band 1638

Der Vorhang geht auf
Das Ende der Diktaturen in Osteuropa
Deutsche Bearbeitung von Elsbeth Zylla
2010. 272 Seiten. Paperback
Beck'sche Reihe Band 1968

«Wer seine Bücher nicht kennt, der hat etwas verpasst.»
DIE ZEIT

Lebt wohl, Genossen!
Der Untergang des sowjetischen Imperiums
Herausgegeben von Christian Beetz und Olivier Mille
Deutsche Bearbeitung von Elsbeth Zylla
2011. 174 Seiten mit 65 Abbildungen. Klappenbroschur
Beck'sche Reihe Band 1996

«Großmeister einer Geschichtserzählung von unten.»
Neues Deutschland

Gorbatschow
Mensch und Macht
Eine Biografie
Deutsche Bearbeitung von Elsbeth Zylla
2011. 288 Seiten mit 12 Abbildungen im Text. Gebunden

«Vielleicht wird man in Russland eines Tages, wenn die Wut über das Ende des Imperiums verflogen ist, anerkennen, welch große zivilisatorische Leistung Michail Gorbatschow vollbracht hat. György Dalos hat ihr mit seinem wunderbaren Buch ein würdiges Denkmal gesetzt.»
Frankfurter Allgemeine Zeitung

1956
Der Aufstand in Ungarn
Deutsche Bearbeitung von Elsbeth Zylla
2006. 247 Seiten mit 17 Abbildungen. Gebunden

Verlag C.H.Beck